Enjoy Art Time

3—6岁儿童心灵成长的艺术生活

彭艺 金晶/著

玩美不是美术
为什么非要玩美
实录36个玩美方案

江西人民出版社

玩美是可以持续一生的审美活动

《玩美36记》与《玩美时光》为同一系列图书，我在《玩美时光》一书的序言中谈到，在普天下父母都望子成才的当下，国际社会对人才的标准已有了新的认识，他们已经从资格概念和技能概念发展到了能力概念。而能力是什么呢？能力就是每个人特有的一种混合物或者说是综合素质，特别是素质教育追求的创新精神和实践能力。值得注意的是，专家们认为，创新的基础是审美。

也因此我说"玩美"的妙处恰恰在于，让孩子们于大量的日常生活细节中发现美、体验美、表达美，从而激发他们的想象力。我想，审美能力的提高，不仅可以提升创新的水平，也会提高生活的幸福指数。

翻阅完《玩美36记》后我想说，相对于《玩美时光》，这更是一本直接关照中国当代独生子女艺术情趣培养和心灵健康成长的书。书中，作者以丰富的图片和生动的文字，将3—6岁儿童的日常生活概括为"创意"、"伙伴"、"都市"、"田园"、"环保"和"心灵"六大领域，并将36个以艺术为载体的亲子方案融入到以上6种生活中。这些方案不仅可以改观独生子女精致却孤单的童年，在那些充满灵性的艺术手段的背后，更是引导儿童认识自己、接纳自我、协调与他人的关系、管理自身的情绪冲突，并学习爱与被爱的种种方法。因为仅仅拥有技能技巧已经远远不够，而健康的人格、合作的精神与乐观的人生态度才是立足当今社会的根本，所以，"玩美"其实是可以持续一生的审美活动。

孙云晓，中国青少年研究中心副主任、研究员、中国青少年研究会副会长，中国少先队工作学会副会长，《少年儿童研究》杂志总编辑，北京师范大学兼职教授。孙云晓的一系列教育观点受到广泛关注，如："教育的核心不是传授知识，而是培养健康人格"、"儿童教育的全部使命是发现儿童、解放儿童"、"一切成功的教育都是和谐的教育"、"好的关系胜过许多教育"、"21世纪是两代人相互学习共同成长的世纪"、"无批评教育是伪教育"、"良好习惯是健康人生之基"等等。

目录

1 前言　于动静相宜中从容玩美

创意生活

6 春天系列——花瓶、春雨、黑白风沙、风铃
10 时装秀
14 蔬菜猫和水果老鼠
16 大画糖果
18 玩美音乐会
20 神秘的雪中脚印

伙伴生活

24 给爸爸妈妈留个言
28 结婚进行曲
30 聚会
32 午睡
34 其实你不懂我的心
36 海底世界

都市生活

40 雾都的早晨
42 雕塑大全
46 光和影的邂逅
50 城市里的街巷
52 涮涮吧
54 城市公园

田园生活

60 听春
62 虫虫总动员
64 鲜花和便便
68 秋色
70 种下一棵树
72 五谷丰登

环保生活

76 环保购物袋
78 建造一个污水处理厂
80 纸盒子的联想
82 塑料袋变形记
84 绿叶上的生活
86 小石头你妈叫你回家吃饭

心灵生活

90 版画里浓浓的爆竹味
94 水墨中国风
96 陶罐装着历史
98 地球另一端的故事
102 迁徙的鸟
104 绽放的心灵之花

前 言

于动静相宜中从容玩美

应该说"玩美"一直处在研究、借鉴、开发和创新的过程中。研究什么呢？研究究竟怎样做孩子们才可以真正快乐地学习。开发什么呢？开发成年人与孩子们平等和谐的相处之道，而创新则自然而然地发生在我们不断的学习和借鉴之中。在编写《玩美时光》一书时，我们的研发才刚刚起步，那时候我们是惊喜地发现了许多"同道"中人，他们的观点和行为从许多方面印证了我们最初心中关于"玩美"的理想，而这一次的《玩美36记》则是通过对36个"玩美"方案的忠实记录来直接、完整地展现"玩美"的过程。"36记"里已经有了一些经验之谈，贯穿其中，更有许多"育儿"的心得和体会。我们非常珍惜这些点滴记录，我们深知，"36记"离我们的理想还有很长的路要走，但是做任何事情不都是在理想的引领下迈开每一步的吗？

"玩美"一直伴随着孩子们的成长，许多孩子从3岁左右到7、8岁的生活始终和"玩美"交织在一起，"玩美"就这么以一种独特的方式渗透进了孩子们和我们的生活当中。也许，我们可以用以下5个关键词来和读者分享"玩美"生活的最新体验，我们也同样期待读者给我们最坦率的回应。

我们要说的第一个关键词是传递。这个传递是说"玩美"首先是要给孩子们提供营养丰富的内容，而让孩子们接受这些内容的工具则是一些艺术手段。在"玩美"之初我们就明确了一个目标，那就是这里一定不是教授美术技法的地方。因为在现实中国的教育背景下，单纯技巧的教课实在是太多了，而事实上那种单向的灌输并不是孩子们真正需要的。我们想要做的是将一个多样化的、立体的、融会贯通了诸多领域知识和学养的"玩美"送到孩子们面前，而"玩美"不是仅仅开发孩子的左脑，也不是单单刺激儿童的右脑，它是对孩子们的身体与心灵给予全面关照的。

我们为什么选用传递这个词呢？那是因为我们的"授课"方式。我们是首先要创设一个情景，然后将孩子们引导和带入其中。孩子们进入到"规定情景"后，他们是有一个选择的权利的。也就是说，我们会让每个孩子面对我们所提供的机会去按照他们的意愿进行选择性的创作。我们说今天的方案与某一件事物、某一种心情或者某一个自然景色有关系，但我们从不要求孩子们给出唯一的结果，我们期待的是结果的丰富性与个性化。

第二个关键词是分享。也就是说，在整个"玩美"的过程中以及当任何一次方案结束，我们和孩子们共同面对他们的作品时，我们要求自己是一个分享的态度。每一次方案的最终呈现都是一次艺术作品的展示，而我们始终用欣赏的眼光来看待孩子们手中的每一种颜色、每一个细节、每一点出人意料的想象。我们几乎不对孩子说，你这样做不对，你那样做会坏事，等着你爸爸妈妈来收拾你，或者干脆你给我站到墙角去思过。我们怎么才能做到这一点呢？这其实很简单，你只要明白人性都是趋利避害的就可以了。你如果在过程中不断地告诉孩子你做得太糟糕了，他就不会愿意继续再做下去了。

我们做过一个小小的试验——在"玩美"这个小团队中，一个老师在做手工，旁边的人不断地过来挑刺。这个说你这个看上去太不靠谱了，莫名其妙；那个说你中午是不是没吃饭，连个绳子都系不牢；再来一个说你不是一般的笨，你把它反转过来不就简单多了吗？测试的结果是，这个老师终于发怒了。她明明知道这是一次测试，但她还是在旁人的不断挑剔中败下阵来，她说你们都给我闭嘴吧！要不你们来做个试试看！这个简单的测试对"玩美"这个小团队的影响非常大，它告诉我们一个被忽略的普通道理，那就是，任何人都只有在感觉良好并且渐入佳境的情况下才能够完成好一项工作，更何况，"玩美"面对的是一群不过3—6岁的孩子。

接下来第三个关键词是交流。交流是什么呢？就是你一言一定有我一语，这一言一语中所交换出来的情感、情绪或者某种态度都是平等而且流动的。有时候我们会遇到一些孩子的家长，他说我和孩子交流得可好了，我的嘴巴常常都交流干了。你的嘴巴干了，那么孩子呢？你有没有给孩子说话和表达的机会，还是就你一个人说了，孩子光剩下听的份儿呢？孩子那么小，他一旦听不懂又不知道他也有权利跟你表达的时候，他除了心不在焉、想入非非以外还能做些什么呢？所以在"玩美"的过程中，我们必须是鼓励孩子说，大声说、大胆说，并且任何的情绪孩子都可以表现。我们从不要求孩子只能高兴，你可以愤怒、可以沮丧、可以挫败都没关系，只要你能够真实地把这些东西在"玩美"这个环境中与大家交流出来。

第四个关键词是丰富。3—6岁的孩子都还没有上学,但是大部分都已经上了幼儿园。而在绝大部分的幼儿园中,孩子们过着非常统一的生活,在同样的时间段里做着同样的事情。"玩美"其实也是个群体,但是我们要求"玩美"这个群体是具有丰富性而不是统一性的,这其实给我们的方案设计带来了相当大的难度。我们无法像其他的育儿机构那样编出完全统一的、标准化配方的"教材",我们常常是要因时(时间、节气、节日、季节转换等)、因事(当下发生的社会事件、身边发生的日常事件)、因人(某个小朋友有了什么样的特殊经历和体验或者兴趣爱好)来设计我们的方案,这种灵活机动在最大限度上保护了"玩美"的丰富性。

孩子们后来养成了一个习惯,如果他出门旅游了,如果他参观了科技馆、博物馆,如果他家里来了客人,如果他有了一个新的宠物,他都会有很强烈的愿望在"玩美"的时候告诉我们,因为他有所期待,期待他的一次特殊体验能让他成为"玩美"的一次主角。

而最后一个关键词是成长。这个成长不是单单指孩子们,更包括了我们自己。在"玩美"的过程中,面对这么多纯真的孩子们,我们更容易反省自己、更容易感受到充实与丰富自己的内心动力,为什么?因为孩子在成长,他不会停下脚步来等你,你却必须时刻跟上脚步才能做到真正引领孩子们一路向前。

因为累积的"玩美"经验越来越多,我们这个团队在交流心得时会不约而同地感到"玩美"在某种程度上很有一种中医的哲学观。初有这种感觉,我们自己都有些难以置信,怎么会呢?但是,相对于西医对待疾病靶向性极强的态度,中医则是用全局而整体的眼光来面对一个人而不是一种"病",它更多地是在探讨一个人内在的生态环境,当这个环境和谐与安宁,这个人就会动静相宜、从容自如。这不正是和"玩美"全面关照儿童身心的态度是一致的吗?这大概算是个意外的发现,我们更多的期待则是这样的意外发现能够有助于"玩美"不断的成长与成熟。

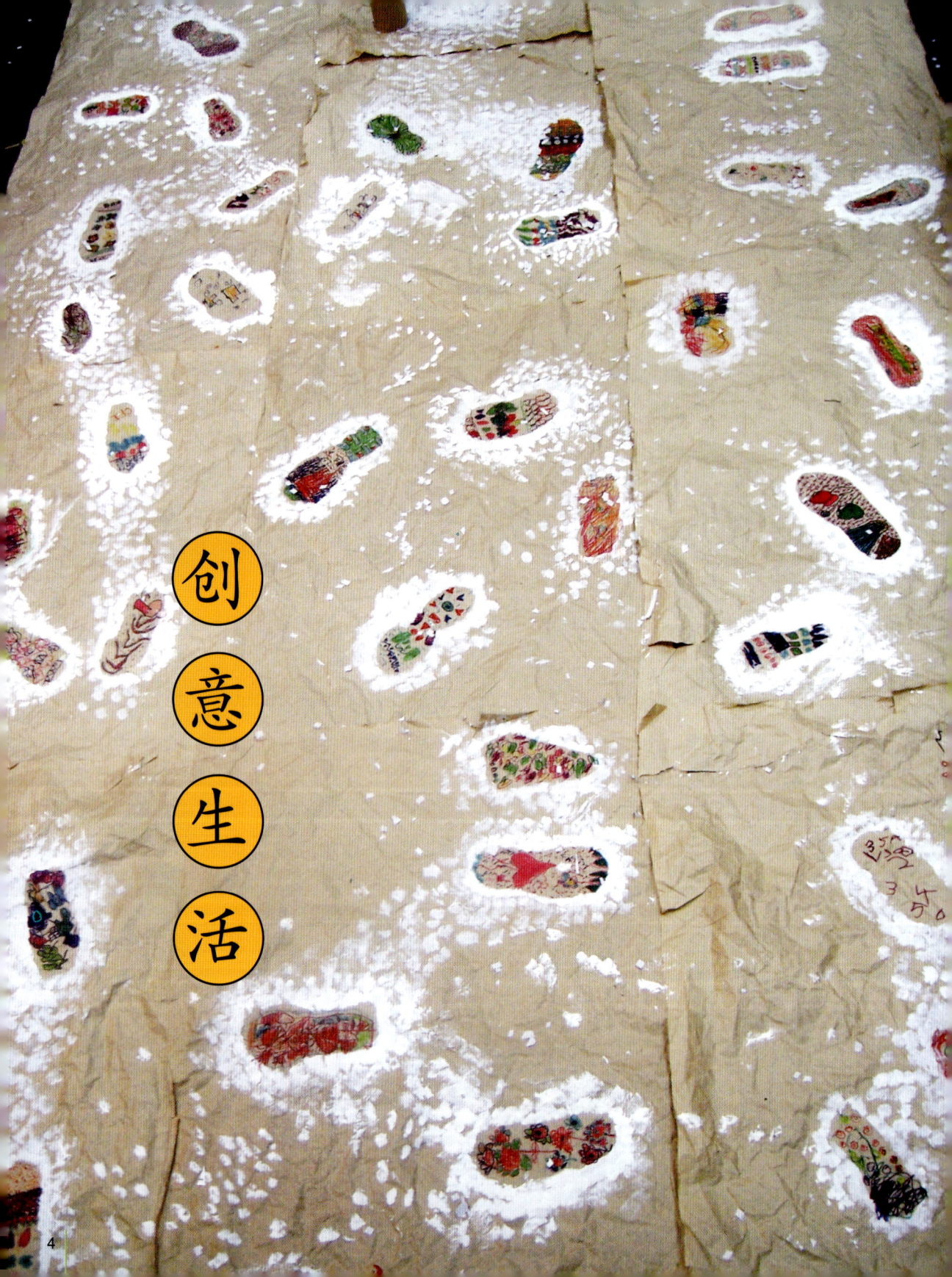

创意生活

创意生活就是在日常生活中制造一种意外之美。而制造意外之美需要一颗充满童真的好奇心，至少你在进行创意的那个时刻，你一定是，也只可能是一个新鲜的贪玩的对未知的结果无限期许的孩子。

创意是一种能力。如果一个妈妈能够将这种能力用在家庭生活中，那么这个家无处不在的大大小小的意外之美，将给孩子一个充满想象力的空间，并且在这样的家庭中，温暖又新奇的空气毫无疑问是孩子童年生活中最好的养分。

有一位摄影家，名叫卡尔·华纳。他居住在伦敦，40多岁的他是欧洲炙手可热的食品广告创意摄影师。在他的眼中，每道食物都可以成为另一种东西：一块土豆可以成为河边的石头或是饭桌上的一个碗，红色卷心菜则是狂怒的大海和暴风雨中的天空，面包是阿尔卑斯山脉。在近些年里，他一直致力于将蔬菜、肉类、奶制品以及鱼类这些最家常不过的东西摆放成自然及人文风景。在你想也想不到的许多地方，都有可能成就一位创意大师，华纳就是在蔬菜水果中诞生的。

一方小小的丝巾长时间闲置，妈妈们是不是想过可以给它装框挂在墙上，变成对家中某个墙面的一个小小装饰，又变成一种对旧物的合理利用？孩子1岁时穿了没有几次的小白皮鞋，妈妈们可不可以在里面放上一簇黄灿灿的小雏菊摆放在电视机的旁边，让孩子成长的点滴味道与菊花淡淡的香气混合在家里？又甚至一个簸箕，妈妈们能不能在上面打个眼，把扫把插进去，这样既方便使用又别出心裁？

而孩子们的创意风暴来自哪里呢？答案大家应该都知道，那就是孩子们与生俱来的想象力！

有幼儿园的老师问孩子们："雪化了会变成什么呢？"一个孩子脱口而出："变成了春天！"老师坚定地摇摇头，告诉孩子他给出的是一个错误答案。而正确答案应该是："雪化了，变成水。"因为，只有雪化了变成水才是唯一的标准答案。

面对这样的问题，孩子们是不是一定就需要一个标准答案呢？在为大家所熟知的素质教育专家孙云晓看来，雪化了变成春天是一个多么富有想象力、多么富有艺术性的答案！遗憾的是，我们的许多孩子就在经历了无数次的标准答案的教训之后，变成了"集体失语"和"从不提问"的"分数机器"。孩子们不敢说出自己的感受、自己的发现、自己的主张，因为那都不是唯一的标准答案。

还有一件让同样身为教育专家的周奇大为感动的事情，那就是，当一个孩子面对"树上有5只鸟，猎人一声枪响后还剩几只？"这个古老的开放式问题时，这个孩子给出了一个让现场所有人都大为意外的答案，他说："还剩一树鸟！因为猎人射中的是鸟家族中最有威望的鸟，它死后，鸟家族所有的鸟都从四面八方赶来奔丧，所以树上就聚集了一树鸟。"这个答案就像一个美丽的童话故事，让周奇真切地见识到了孩子超凡的想象力。

如果我们不去用唯一的"标准答案"来统一和压制孩子们的想象力，创意就是无处不在的，而如果我们要把这个信息有效而巧妙地传达给孩子，我们自己就要留心要动手，要让孩子感受到创意的生活带给心灵的喜悦，当创意竟然成为一种习惯，你的孩子在成长的道路上就会远离枯燥与无趣。

创意生活首先是我们给孩子营造的一个氛围，让孩子被美与灵感所感染，其次是我们力邀孩子参与到创意生活中来，这对他们的创造力就是一种极好的开发和锻炼，而最最重要的是，当孩子出现奇思妙想和异想天开的时候，我们必须鼓励。

创意生活

春天系列——花瓶、春雨、黑白风沙、风铃

  现在我们就要记录创意生活中的第一个方案了。在记录这个方案之前，让我们这些成年人自己先做一个训练吧——那就是低下头想想，回过身看看，在我们过去经历的岁月中，生活本身是不是充满了变数，而人生中的许多意外又是否蕴涵着极大的美？如果是的话，我们就没有理由把孩子们训练成胆小如鼠、不敢表达的乖宝宝。创意的基本要素不就是要有最新鲜的突破吗？于是，当雪化了变成春天之后，我们再来问问孩子们，春天又是什么呢？并且，你可以用你的方式大胆地表达出你心目中的春天吗？

  那一天，春天的阳光也正好在"玩美"的活动室里洒下一层金色的光芒。我们在音响中轻轻地播放出班德瑞的"ONE DAY IN SPRING"，当音乐响起，孩子们很自然地安静了起来，他们沐浴在春光中，认真地思索着春天在他们的眼里究竟是什么？

  "春天是花瓶里的花！冬天我们家就没有新鲜的花。"小女生根据她的生活经验得出这个判断。

  "我们家冬天的花瓶里也有花！我妈妈说是温室里的花。"一个男孩子不服气了。

  "温室里的花不是新鲜的！"小女生不肯让步。

  好吧，孩子们。春天是花瓶里的花，这个答案是不是挺让人感到高兴？那么来吧，花瓶、鲜花、绿叶，我们一个都不能少！

工具材料：
白卡纸/白乳胶/水粉颜料
水粉笔/皱纹纸/细铁丝

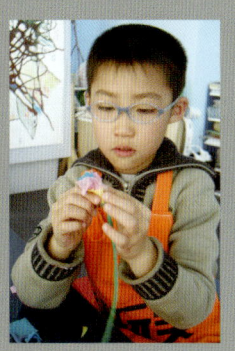

花瓶和花

工具材料：白卡纸、白乳胶、水粉颜料、水粉笔、皱纹纸、细铁丝。

制作过程：将裁成长方形的白卡纸用乳胶贴成筒状，待干后，让孩子用水粉颜料将春天的色彩画在圆筒上。再将小铁丝用绿色的皱纹纸缠上作为花茎，选一些鲜艳颜色的皱纹纸剪成花瓣贴在叶茎上面，一枝花就完成了。将做好的花插进花瓶里，春日里，孩子们静静地享受春天的"玩美"时光。

那么，关于春天是什么？一定还有别的答案对不对呢？

"对！我能听出春天，春天是风铃，风铃会在我的床头上叮叮当当地响，要是在冬天，我床头的窗户是不能打开的！"给出这个答案的小女生，是个性格沉静的孩子，她常常会显出一些成熟。她用自己的小耳朵捕捉到了春天，这个发现让她看起来多少有些激动，我们摸摸她的耳朵告诉她，你是不是为自己这么仔细的观察和发现感到很骄傲？她真诚地点点头。

工具材料：
小节钢管/螺帽
绳子/小铁钉纸片
丙烯/小毛笔

风铃

工具材料：小节钢管、螺帽、绳子、小铁钉、纸片、丙烯、小毛笔。

制作过程：让孩子们在钢管上用丙烯作画，将小铁钉系在小绳的一头，并卡在钢管里，小绳的中间系上螺帽（螺帽在钢管里摇动会发出清脆的响声），最后让孩子在卡片上画上春天的心愿，打上孔，系在小绳的底端，风铃随风吹过，发出清脆悦耳的铃声。

创意生活

春天还会是什么？还有没有不一样的答案呢？这时候从音响里不再流淌出班德瑞的"ONE DAY IN SPRING"，而是突然变成了一种滴答、滴答的声音。

个子最小的女孩子听到这样的滴答声后一下子跳起来，说："春天是我们老家杭州巷子里面下的雨，我去年回去就站在巷子里看雨！"哦，巷子里面下的雨，不就是雨巷吗？这个小个子的女孩子自然不懂得杭州人戴望舒早在上个世纪20年代写就的那首成名诗《雨巷》里的意境。但是她竟然能在回老家的短短的时间里，体会到了绵绵春雨和迂回曲折的江南街巷的关系——街巷相对闹市总是僻静的，而由顶多10米宽的巷子里抬头望向天空，雨水就那么从窄窄的天空密密地滴落，那个声响格外地清脆，那个画面又格外地静谧。我们鼓励她，把这个潮湿的春天的景象描述给其他的北方小朋友听，她说，我画吧！

工具材料：
喷壶
水彩颜料/水彩笔
水彩纸/盐

春雨

工具材料：喷壶、水彩颜料、水彩笔、水彩纸、盐。

制作过程：春天是多雨的季节，让孩子们也在自己春天的作品里下一场雨，先将水彩纸用喷壶喷湿，再用水彩笔和水彩颜料画上春天的风景，最后撒上盐粒，玩水是孩子的天性，下雨的时候，让孩子在雨中淋一下，那一定是快乐的感觉。

工具材料：
透明胶片
墨汁/牙签
硬币/钥匙/锯条等

"还有呢！还有一个春天的答案！"一个小男孩爬到桌子上说："春天是沙尘暴！"嗯，和前面的答案相比，沙尘暴不那么美好，但是这个从小就生活在北方的男孩子，每逢春天就会体验到沙尘暴带给他和家人生活的影响。那么沙尘暴在孩子们的心中是什么样子的呢？我们给他拿来一些特殊的材料，他认真地刮出了黑白两色的沙尘景象。孩子完成后的画面里没有肆虐的风沙，但是他们手下大胆而粗糙的线条，已经准确地传达出他们内心的感受。

春风
工具材料：透明胶片、墨汁、牙签、硬币、钥匙、锯条等。
制作过程：在透明胶片上面刷上墨汁待干后，用牙签或者硬币、锯条等工具在黑色的胶片上刮出孩子们脑海里面的风，在现实的基础上，给孩子们插上想象的翅膀。让大风吹过，吹进孩子的艺术创作中。

创意生活

时装秀

　　有许多的牛皮纸，很大也很硬。在这个方案开始之前，孩子们想出各种办法来折腾这些纸——把它们撕开，在它们身上剪出两个洞；把它们叠成纸飞机，一个男孩子用大张的纸罩住另一个男孩子的脸，还有两个孩子把纸揉搓成一身的皱纹。好了！停！我们从最后那两个孩子手中拿起被他们揉皱了的牛皮纸。这些纸像什么呢？我们问孩子们。

　　"像开过坦克的泥巴路！"男孩子并没有真正见过坦克，但是想象和现实经验的结合告诉他们应该是这样。

　　"像一堆冬天的草，看上去很不高兴！"那就是枯黄的草吧，而且确实有些忧伤的气质，嗯，这个想象也很了不起。

　　"像一块又粗又厚的布！"哦，像一块布对吗？女孩子在这方面的体会总会比男孩子要细腻一些。我们告诉孩子们，所有的想象都很美妙，而这样的纸摸在手上的感觉更像是有些柔软的草。

那么我们就来一起背一首唐代柳宗元的诗吧——《江雪》，大部分的孩子都从很小就在家里或者在幼儿园里学习了这首20个字的诗："千山鸟飞绝，万径人踪灭；孤舟蓑笠翁，独钓寒江雪。"我们自然不会去跟3—6岁的孩子们讲山山是雪，路路皆白，飞鸟绝迹，人踪淹没却独留渔翁的画面，我们只是说这里的两个字：蓑和笠，其实是指蓑衣和斗笠，我们完全可以用手中的这些纸来再现那渔翁的披蓑戴笠，我们一起来穿越时空好不好？

但是用什么方法来穿越时空、来扮演渔翁呢？我们为孩子们播放了世界顶级模特T台走秀的影像资料，告诉孩子们我们一会儿的"蓑笠秀"就是一个"今古传奇"，用最时尚的方式去演绎最古老的故事！孩子们很兴奋，在颇有节奏感的现代音乐的伴奏下，身披蓑衣头戴斗笠，将柳宗元笔下幽静寒冷的意境迅速演绎成了火爆的T台表演！

工具材料：
牛皮纸/剪刀/
墨汁/毛笔/粉笔

时装秀

工具材料：牛皮纸、剪刀、墨汁、毛笔、粉笔。

制作过程：先用粉笔在牛皮纸上画好设计图，剪下来，揉成纸球后再展开，用毛笔写上汉字或画画，再用彩色粉笔上色，最后穿到身上，开启音乐，给孩子一个展示自我的舞台。

创意生活

我们告诉安静下来的孩子们，蓑衣斗笠，就是雨衣和雨伞这样的雨具。蓑衣有的用柔软的草类编织，有的用棕丝编织，很像一件披风，它没有袖管和衣领，胸前的几道细绳即是扣子，穿的时候系牢就行了。而斗笠呢，一般用细细的竹篾织成圆形，中间凸起一尖顶，戴在头上用绳子系紧。而蓑衣斗笠其实还不仅仅是雨具，它们同样有着悠久的历史文化传承，就像孩子们刚刚背诵过的那首《江雪》。

而现在我们要再作一个设计，这个设计没有时空上的转变了，我们就是要为自己或者妈妈设计一个精致漂亮、可以随时拎着出门的小手包。女孩子们对这个项目表现出了浓厚的兴趣，那个背上桃红色小包的女孩子，把自己的脸也笑成了桃红色。她说："我怎么觉得自己也像个妈妈啊？"是吗？你看起来确实像个温柔的，又很有爱心的小妈妈呢！我们鼓励孩子们表达出自己内心的体验，我们为她的这一全新体验而感到高兴。

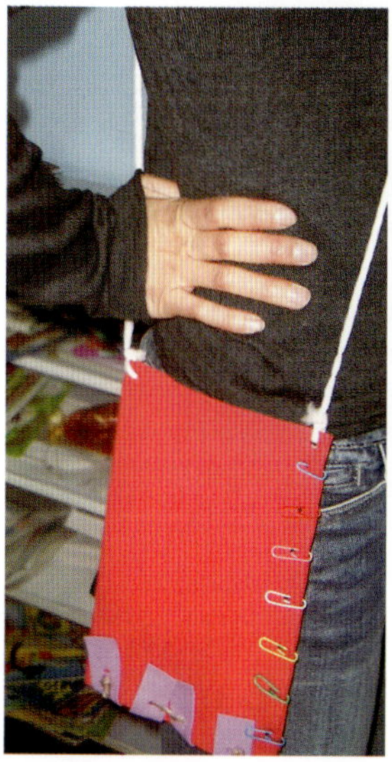

工具材料：
海绵纸/绳子
暗扣/剪刀
打孔器

时装包

工具材料：海绵纸、绳子、暗扣、剪刀、打孔器。
制作过程：用海绵纸让孩子自己折出包的样子，并用剪刀修饰，用打孔器打孔并装上暗扣和绳子，一个孩子自己做的包包就诞生了，他一定很得意。

创意生活

蔬菜猫和水果老鼠

2006年的冬天,那个创作出了小老鼠杰瑞和笨猫汤姆的美国人巴伯拉辞世了。这个让全世界的小朋友看到杰瑞和汤姆就目不转睛的卡通之父,在人世间生活了整整95年。

巴伯拉从小就爱画画,以至于他无论走到哪里都一刻不停地用画笔描绘出自己内心丰富的感受和想象。非常幸运的是,上个世纪30年代的一天,他终于把自己"画"进了美国米高梅公司的动画工作室。1940年,他和导演汉纳共同创作了《猫和老鼠》(又名《汤姆和杰里》),这部片子问世后大为轰动,还为两个人赢得了奥斯卡大奖。《猫和老鼠》里无与伦比的幽默和弱小战胜强大的非常智慧陪伴了许多人的成长岁月,就连华人顶级钢琴家郎朗与《猫和老鼠》也有渊源。郎朗曾经在接受媒体采访时表示,自己就是在小时候看到《猫和老鼠》中的情节才对钢琴产生兴趣的,他说:"我当时看猫和老鼠在一起弹琴,非常有趣,这一下子引起了我的兴趣。"

杰瑞和汤姆确实给我们和孩子们带来了无比的快乐，杰瑞和汤姆的创作者约瑟夫·巴伯拉也留给我们许多的启发。我们看到一个非常执著的人，他痴迷于自己心爱的事情，并且持久而专注。在这持续一生的专注中，他又始终是那么快乐，这些都是他留给全世界的大朋友和小朋友的精神财富。

这一次的方案我们就先和孩子们一块来看一段《猫和老鼠》，影片播放过程中孩子们的笑声很有感染力，那种单纯至极的快乐有着令我们成年人迷恋的味道，我们在孩子们的笑声中拿出许多的蔬菜和水果，我们问孩子们，今天的"玩美"，可以用这些白萝卜、胡萝卜、黄瓜、樱桃、小红豆还有红薯做些什么呢？孩子们几乎异口同声："猫和老鼠！"

整个的制作过程孩子们很投入，也常常会兴奋地讨论在这个集体里谁更像杰瑞谁更像汤姆。因为之前我们给孩子们讲了郎朗就是因为汤姆和杰瑞爱上弹钢琴的，那个歪着嘴巴戴着眼镜的小男生提出了异议。他说："我喜欢看猫和老鼠，但我还是不太喜欢弹钢琴，不过，我妈妈让我弹……"男孩子说话的声音渐渐小起来，脸上的表情也不大舒展了。我们走到他身边，告诉他，他做出来的那只汤姆看起来挺高兴的，正在咧着嘴笑，我们鼓励他把自己不太喜欢弹钢琴的感受告诉妈妈，那样也许就会高兴起来的。

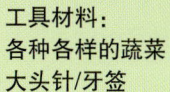

工具材料：
各种各样的蔬菜
大头针/牙签

猫和老鼠
工具材料： 各种各样的蔬菜、大头针、牙签。
制作过程： 闻一闻散发着自然香味的蔬菜，帮助孩子完成部分蔬菜的横切面，让孩子们用香香的蔬菜通过大头针和牙签的穿插搭建，去拼搭出猫和老鼠各种有趣的动态，美的创造会一直滋养着孩子的心灵。

创意生活

大画糖果

现在我们都身处在一个设计的大环境中,大量的商业广告设计、成批的书籍装帧设计、几乎每一个企业都会有的LOGO,凡此种种,都是在争夺观众的眼球。其实无论什么设计,引起别人的注意自然是最关键的。我们常常说,这个东西真的非常有视觉冲击力,那就意味着呈现在你面前的这个设计一定是改变了你已有的视觉惯性,也许在色彩、也许在尺寸、也许在比例或者对比等等方面超出了你的习惯。你看不"惯"了,自然就引起了你的注意,你就会情不自禁地停下脚步要多看两眼。

孩子的视觉系统发育有他自身的规律和相对独立的个性。我们不会用成人的调教去打扰孩子自身的成长,也不会跟孩子谈所谓的视觉冲击力。在这个活动方案中,我们只是提供给孩子们又一种可能,告诉他们,我们手中的"玩美"可大、可小、可长、可短,千变万化,在艺术这个世界里实在没有一定之规,而这个没有一定之规从某个角度看便是在培养孩子们的胆量。

什么是胆量呢?那就是我可以天马行空地想,我可以自由奔放地表达。我们总是希望自己的

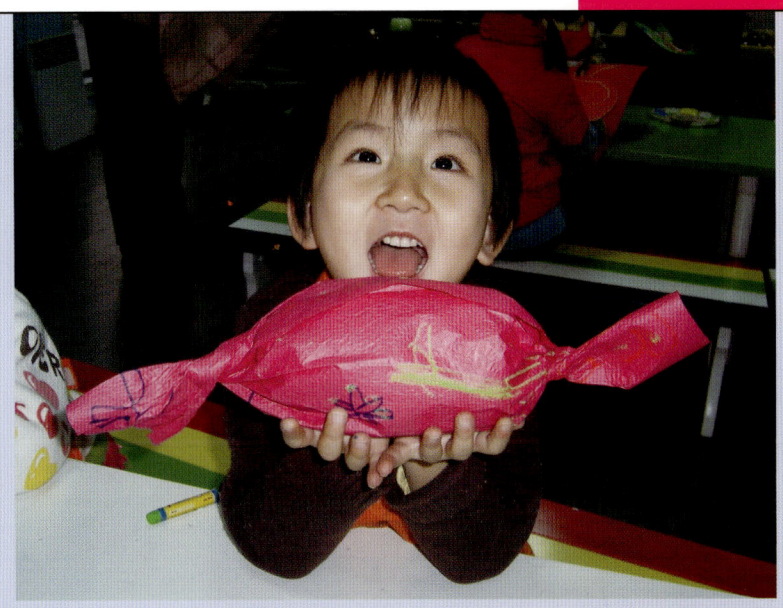

工具材料：
包装纸/报纸
油画棒

孩子今后成为一个勇于表达自我的、有独立个性的人，所以我们在许许多多的细节上要最大限度地释放孩子心中想象的力量。

当我们问孩子，如果大家今天来做些糖果，你们认为做多大个的合适时，孩子们欢快地比划着，一开始是一个小小的拇指那么大，那规格跟一颗日常生活中的糖果差不多大小，我们鼓励孩子们，还可以大些，再大些，最后我们就看到了孩子们做出来的要好几个小朋友、好几天才能吃完的糖果。

孩子们面对做好的糖果都极有食欲，明明知道那里面的填充物是报纸，但是孩子们对自己的作品仍旧充满了跃跃欲试的热情。那个短发的小女孩甚至大声告诉我们，面对她的那颗大红糖她口水都要流出来了！更加有趣的是，曾和她同在一组做糖果的、一直以哥哥自居的男孩子伸过脑袋来问她："那你要纸巾吗？"

那一刻，我们颇多感叹，孩子就是孩子，他们可以把想象与现实任意而自然地组合，那些天真的表现足以令现场的每一个成年人动容。

圣诞糖果

工具材料：包装纸、报纸、油画棒。

制作过程：用油画棒在包鲜花的大包装纸上画上有关圣诞节的画或者颜色，然后将两张报纸重叠拧成麻花状，长度比包装纸的长度短一些，将拧好的报纸裹在包装纸里面，再将包装纸的两头拧好，超大的圣诞大糖果就做好了。

创意生活

玩美音乐会

　　我们常常说，音乐、绘画、文学、戏剧……诸多的艺术领域之间都有着奇妙的相通之处。虽然玩美在更多的时候是以绘画为手段来激发孩子的想象力、创造力，来渗入孩子的情感教育和人格教育，但我们在研发课程的时候也更希望能运用综合的多样的艺术手段。音乐便是我们在与孩子们"玩美"时常常会用到的。

　　大家应该对"艺术通感"这个词汇不陌生。"艺术通感"就是指一种反应到另一种反应的直接转移。抽象主义画派的代表人物康定斯基是这么解释它的：到心灵的通路是那么直接，心灵本身又是那么敏感，所以任何感受到的印象都直接通向心灵，又从那里直接通向其他的感觉器官。用通俗的解释就是我们听到了什么，就仿佛看到什么。比如，一首伤感迷茫的曲子，会让我们眼前出现连绵的细雨，会让我们感到似乎置身于厚厚的雨帘之中，会让我们内心也涌出诸多的情感与联想；再比如，一首辽远深邃、气势磅礴的乐曲，会让我们仿佛伫立海边，那一刻我们看不到彼岸，却好像真真切切地闻到了海水的味道，并且内心开始起伏澎湃……这些就是"艺术通感"的魅力所在。它的存在和运用，在绘画与音乐与文学等诸多艺术门类之间架起了桥梁，它启发孩子们在绘画中去表现音乐中的情绪、故事中的情景或者诗歌中的意境。时间长了，孩子的五官感觉就会转移、挪移，就会从不同的角度认识事物，这对创造能力的培养有极大的好处。

但是"玩美"的孩子毕竟只有3—6岁，他们的生活经验和情感体验都还十分有限，所以当我们进行完音乐绘画的阶段后，游戏的引入就必不可少。那些平日里被闲置的价值5毛钱一个的空啤酒瓶，被孩子们涂抹得别致有趣，当再在瓶子里灌上不同分量的水之后，那叮咚作响的音乐就快乐地在孩子们的身边穿梭起来。

工具材料：
水粉纸
水粉颜料
空啤酒瓶
洗洁精

玩美音乐会

工具材料：水粉纸、水粉颜料、空啤酒瓶、洗洁精。

制作过程：让孩子们听着风格不同的音乐在水粉纸上描绘出自己内心的感受，再用水粉颜料和洗洁精一起往啤酒瓶子上绘画，最后给不同的酒瓶灌上不同分量的水，用画笔便可敲击出不同的音阶。

创意生活

神秘的雪中脚印

那天，我们在活动室的天花板上开了个小天窗。孩子们进来之后偶尔扬起头会着急地告诉我们："顶上有个洞！"我们说没关系，那洞是我们故意打开的，一会儿那里会往下面掉东西的。孩子们十分期待，究竟会掉什么呢？我们把悬念留给他们的同时，紧接着又让孩子们把脚丫子放到了小桌子上。孩子们一下子兴奋起来，他们不明白这个平日里基本上被家长禁止的动作，怎么今天就这么堂而皇之了呢？我们于是问孩子，怎么样能够看到自己的鞋底、自己的脚印？

孩子们的第一个反应是看不到自己的，只可以看到他的、她的、他们的。我们说，不，我们要你们看到自己的鞋底和脚印！立刻就有男孩子脱下了鞋子，很快，孩子们纷纷脱下了自己的小鞋子。太好了，这样我们就看到自己的鞋底对不对？可是脚印呢？我们怎么才能看到装着小脚的鞋底踩出的脚印呢？这个问题，孩子们没能马上回答出来。最早脱掉鞋子的小男孩很细心，他向我们求证，是踩出的脚印吗？他知道了问题的关键是踩。我们说对，是踩，在什么地方可以踩出脚印呢？孩子们豁然开朗：雪地里！

雪地里的脚印，是许多摄影师镜头下的作品。一片苍茫的纯白之上，一行不知从哪里来也不知到哪里去的脚印，于静谧之中不断地散发出神秘感。有时候这些脚印是人的，有时候它们是动物的。英国德文郡一位退休老妇人于2009年的3月5日在自家院子的雪地里发现了一串神秘的脚印，而这串脚印很自然地让人们想起了有着150多年历史的德文郡"魔鬼脚印"的传说。据史料记载，人们上一次发现这一奇怪现象是在1855年。这串脚印看起来似乎是由长着分趾脚掌的两条腿生物留下的，100多年过去了，这个被叫做德文郡"神秘脚印"的传说却一直都没有得到解释。

工具材料：
牛皮纸
白纸剪成的小碎末
记号笔/水彩笔/白乳胶

　　自然是神奇的，有许许多多的未解之谜一直在反复地警告人类，对我们所赖以生存的世界，要心怀敬畏。

　　孩子们开始了脚印的制作过程，在制作过程中我们会问孩子，你们这是从哪里来，这又是要去哪里呢？也许是被自己作品的神秘感所感染，孩子们的回答也颇为神秘——"我不知道！""我从家里来，我要到一个洞里去！""我是从喜马拉雅山到喜马拉雅山！"

　　当雪地里缤纷的脚印完成之后，我们再请孩子们仰起头来，可爱的孩子们露出了惊喜的表情，因为他们看到了从天而降的片片白雪。

雪中脚印

工具材料：牛皮纸、白纸剪成的小碎末、记号笔、水彩笔、白乳胶。

制作过程：观察自己鞋底漂亮的纹路，踩在雪地里会留下怎样的美丽花纹，将揉过的牛皮纸铺在地板上，让孩子将鞋子脱下来，放在牛皮纸上，用记号笔沿鞋底边描出鞋的外形，并在鞋底形里画上花纹，在周围涂上白乳胶，和孩子一起把小碎末撒在脚印的周围，小碎末可以准备多一点，完成作品以后，和孩子玩一场下雪的游戏，让孩子们感受到雪地里的快乐。

伙伴生活

伙伴在我们每个人生活中的重要性毋庸置疑。一个孩子的伙伴应该首先是自己的父母，然后是家里的任何亲人、邻居家的大人以及孩子，幼儿园的老师、阿姨和同班的小朋友，父母同事的孩子，一次旅行中偶遇的小伙伴。伙伴生活其实在很多地方对一个人是起到决定性作用的，因为我们的自我价值感往往是通过和周边人的关系建立起来的。

　　自尊自爱是一种至关重要的能力，我们多么希望孩子是一个爱自己也爱别人的人。而实际上，当孩子渐渐远离那个混沌的婴儿时期，渐渐发现自己之外还存在着一个由他人构成的现实世界时，孩子和他人的关系就开始逐步建立起来了。这个时候，作为"他人"的父母就像一面镜子，孩子此前并不知道自己究竟是什么样子，他们全靠父母这面镜子里的形象来认识自己。如果在这个关键的时候父母不能通过各种途径告诉孩子在父母眼里的价值，那么孩子自己就很难觉得自己是个好孩子，也很难构建出一个基本的自我价值感。孩子只有从父母那里得到充分的肯定和爱，才会具有爱自己的能量，而只有当爱自己的能量得到适当的释放时，孩子才有能力去学习爱别人，并且，那些因为爱自己而散发出自尊与自信的光亮也才能够照亮身边的许多伙伴，让孩子同时获得来自伙伴的更多的爱。

　　这个说起来很绕口的关于爱自己与爱别人的话题无非是告诉我们，你毫无保留地让孩子知道你从心里对她（他）的赞美和肯定，那么孩子就会对自己获得认同和喜爱。在童年的时候，这样的自我价值感能够比较成功地建立的话，孩子在未来的成年生活中，无论是恋爱时遭抛弃，工作中遭辞退，与人合作时遭背叛，甚至生活中任何意外的事故以及人生不同阶段中任何失败，就不会轻易被打垮。因为在她（他）很小的时候她（他）就认定自己是个有价值的人，她（他）相信并且爱自己，所以她（他）有能力承受生活中更多的挫折。

　　通过与孩子伙伴式的生活，在各种艺术活动中，传递给孩子肯定与爱，就可以帮助他们建立自尊、自信与自我价值感，而这些是一个人走过漫长一生的重要基石。

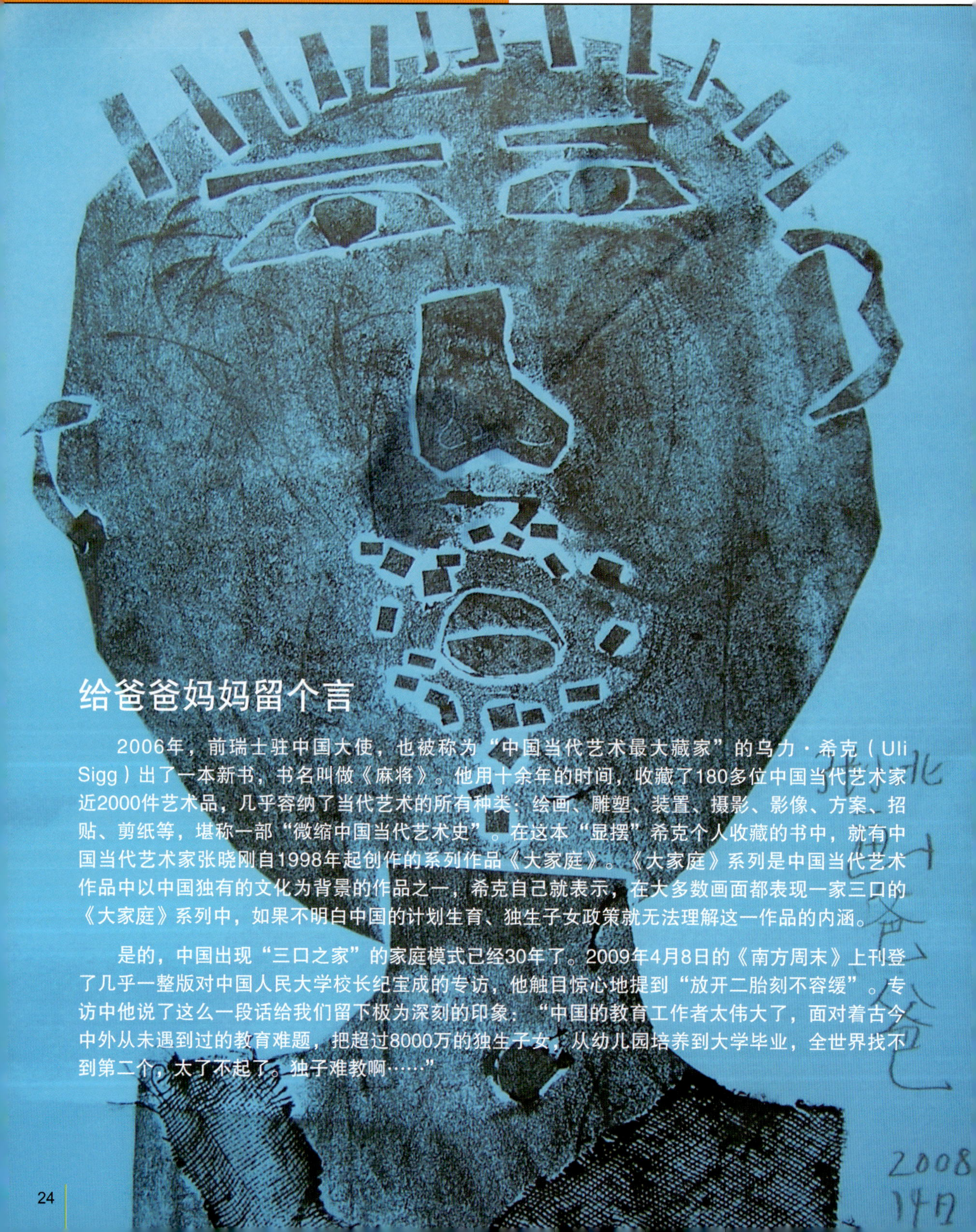

伙伴生活

给爸爸妈妈留个言

2006年，前瑞士驻中国大使，也被称为"中国当代艺术最大藏家"的乌力·希克（Uli Sigg）出了一本新书，书名叫做《麻将》。他用十余年的时间，收藏了180多位中国当代艺术家近2000件艺术品，几乎容纳了当代艺术的所有种类：绘画、雕塑、装置、摄影、影像、方案、招贴、剪纸等，堪称一部"微缩中国当代艺术史"。在这本"显摆"希克个人收藏的书中，就有中国当代艺术家张晓刚自1998年起创作的系列作品《大家庭》。《大家庭》系列是中国当代艺术作品中以中国独有的文化为背景的作品之一，希克自己就表示，在大多数画面都表现一家三口的《大家庭》系列中，如果不明白中国的计划生育、独生子女政策就无法理解这一作品的内涵。

是的，中国出现"三口之家"的家庭模式已经30年了。2009年4月8日的《南方周末》上刊登了几乎一整版对中国人民大学校长纪宝成的专访，他触目惊心地提到"放开二胎刻不容缓"。专访中他说了这么一段话给我们留下极为深刻的印象："中国的教育工作者太伟大了，面对着古今中外从未遇到过的教育难题，把超过8000万的独生子女，从幼儿园培养到大学毕业，全世界找不到第二个，太了不起了。独子难教啊……"

"独子难教",这应该是我们很多父母的体会,在没有兄弟姐妹只有父母亲的单一家庭里,那个唯一的孩子在心灵成长的道路上是会面临到一些情感和人生经验方面的缺失的。当然现实不由我们改变,于这样的现实中,年轻的父母就更要尽可能多地拿出心思和能力来学习如何与自己唯一的孩子相处。我们是父母要有权威,可同时我们又必须担当起孩子们玩伴的角色。独子难教难就难在,面对家里唯一的孩子我们如何把握不同角色之间转换的时机和分寸。我们要制订出这个家里的规则,要让孩子明白每个人在家庭中都有自己适合的位置;同时,在孩子成长过程中,"惩罚"与"批评"也是我们必须要对孩子做的,尽管这不是件令人愉快的事情,而且重要的是在"惩罚"与"批评"之中、在家庭的规则之中,我们更要让孩子感受到家庭的民主、包容与温暖。

　　那天我们请孩子们在活动室里讨论一下自己的爸爸和妈妈。这个讨论可以是对父母的评价、对父母的感受,因为孩子都还小,我们更多的邀请是让孩子谈谈自己和父母相处时的一个有意思的小事情。在讨论中,许多孩子的父亲是"缺席"的。孩子们说到妈妈时可以信手拈来许多细节,但是有些孩子说到爸爸却会面露茫然,因为爸爸和孩子们相处的时间太少了。

　　"我爸爸总是出差!"

　　"我爸爸是BOSS,他不怎么回家。"

　　"我爸爸是忙大事的!"

　　我们看着可爱的孩子们,邀请他们在我们的带领下,以版画的方式画出自己心目中的爸爸。有些心理学意义上的基本常识大家都是熟知的,比如对于一个5岁左右以及5岁以后的孩子而言,爸爸不管有多忙,都应该挤出时间插入到母子(母女)之间的缠绵和纠结中来,用自己的方式把引导孩子长大的责任接过来。对于孩子们而言,他们已经在成长的过程中缺少了与兄弟姐妹之间的亲密合作、由竞争关系而带来的嫉妒与挫败以及从挫败和伤害中修复自我、重新出发等等的体验,那么就不要让孩子们的生活中再缺失掉一个爸爸。尤其对于男孩子而言,父亲这个角色是他们成长的重要资源。在他们成长的不同阶段,父亲拥有着不同的功能和意义,有人说,父亲是儿子身份的象征、内心安全的保障和力量的所在,这些,都无可替代。

伙伴生活

版画爸爸

工具材料：A4卡纸（两张）、胶棒、黑色印油、滚子、A4彩色纸。

制作过程：用卡纸把爸爸的五官画下来，然后用剪刀剪下，在另一张卡纸上面画上爸爸的脸的轮廓和脖子、衣领，再将爸爸的五官贴在脸上，头发、胡须以及衣领也都可以用卡纸剪下来贴在上面，制造一些肌理的效果，再请爸爸妈妈帮忙用滚子滚上黑色的印油，选一张自己喜欢A4的彩色纸盖在印油上，把黑黑的爸爸印在纸上，换一种表达方式，孩子会更有创作的热情。

工具材料：
A4卡纸（两张）
胶棒/黑色印油/滚子
A4彩色纸

康乃馨是送给母亲的花，我们一边引导孩子们每人做一朵小小的康乃馨送给妈妈，一边向孩子发出一个倡议：说一会儿妈妈来接我们的时候，我们拿着花走到妈妈面前说一声"我爱你"好吗？孩子们当时没有太多地理会我们的这个邀请。我们看着一朵一朵的花在孩子们的手中绽放，心想也许"我爱你"的这个邀请太过做作和多余了。

但是事情却远远超出了我们的想象。等到妈妈们来到活动室接孩子的时候，有3个女孩子（并不是所有的孩子）甚至是冲向妈妈大声对她们宣布："妈妈，我爱你！"妈妈们那一刻被感动坏了，眼睛都湿润起来。我们也跟着红了眼睛，羞愧于自己刚才的担心——对于孩子而言，率真的表达几乎是天经地义的，何来做作呢！

再回头，那些没有"冲"过去的孩子，也在以自己的方式表达。有的女孩子坐到了妈妈的腿上虽然什么都没有说；有个小男生却粗着嗓门说："给你！我爱你！"然后撒腿就跑；还有个男孩子甚至拼命拍打妈妈的屁股，然后说："我给你做花了！快去拿啊！"我们知道，他们在表达。

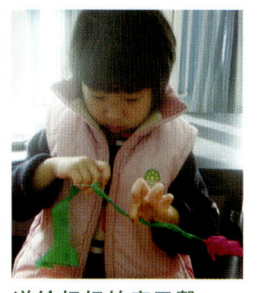

工具材料：
皱纹纸/小铁丝
白乳胶/牛皮纸

送给妈妈的康乃馨

工具材料：皱纹纸、小铁丝、白乳胶、牛皮纸。

制作过程：将牛皮纸裁成小长条，对折贴好，做成小袋，小铁丝缠上皱纹纸，再把皱纹纸做成漂亮的小花贴上去，把小花放进之前做好的袋子里，一句：妈妈，我爱你，会让我们的心泉化为涓涓细流，让孩子不仅知道父母的爱也学会试着去关爱他人。

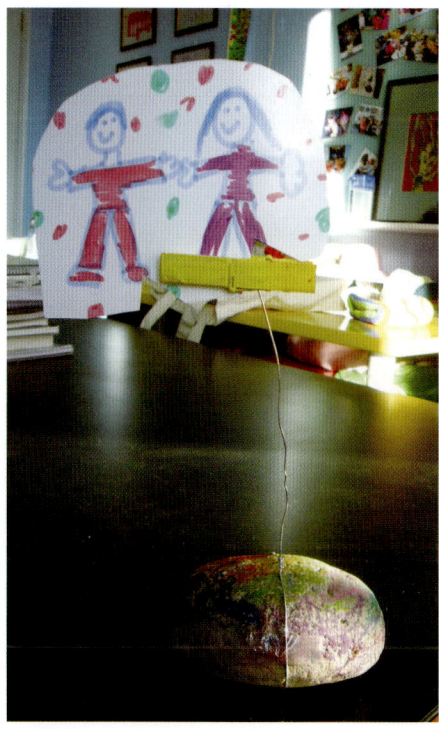

工具材料：
鹅卵石/小铁丝/竹夹
小卡纸

事情到此还没有结束。我们继续和孩子们一起讨论一家人在一起交流的方式，和风细雨是一种，但是我们的孩子中很少有没见过父母吵架的。孩子们会说我不喜欢他们吵架！这很正常，我们也不喜欢谁和谁吵架，但是，生活里总是会免不了争吵的。吵架也是一种交流的意义孩子们这会儿还不能理解，我们要告诉孩子们的是，交流的方式有许多种，并不都是和风细雨。也许方式还不是最重要的，有效才是最关键的。

我们启发孩子，交流不仅仅是用嘴，还可以用手。男孩子认真地问："是打架吗？"女孩子们哄笑。于是我们就拿出一些材料，告诉孩子们，我们可以做个留言夹放在家里，家里的任何人都能用，我们可以在上面写，更可以在上面画！这是不是也是一种很有趣的交流方式呢？

留言夹

工具材料：鹅卵石、小铁丝、竹夹、小卡纸。

制作过程：用油画棒把鹅卵石涂上好看的颜色，再把铁丝缠在石头上面，另一头系上刷好了漂亮颜色的竹夹，最后再装扮一下小卡片，留言夹就做好了，它会记录下家人和孩子生活中好多感动的瞬间。

伙伴生活

结婚进行曲

　　李子勋一直是我们跟随和关注的一位心理学家。在我们看来，他的观点从不隔靴搔痒，而总是能让我们有切肤之痛。他说："家庭两个字，在中国人乃至全世界华人的心目中都是至高无上的，这似乎是中华民族几千年来的精神和文化沉积，一种荣格笔下的集体无意识。但家庭常常也在伤害人，可以不夸张地说，一个人的品行问题、心理问题、社会适应问题主要根植于家庭教育，而非社会之责……教育孩子之难，难在双亲自己是否人格完整，是否乐于宽容与变通……"李子勋的这一段话启发我们一定要做一个关于家庭的方案。

　　我们就想着从最基本的家庭结构开始：就是说一个男人和一个女人，他们彼此爱对方，那么他们就有可能结婚。最初就是这样两个人组成了一个简单的小小的家庭，他们共同生活，虽然会产生一些矛盾和分歧，但最终，他们会彼此温暖与宽容，这就好像孩子们的爸爸妈妈一样。然后他们会生下一个小宝宝，让原先的家庭变得完整而丰满。尽管这个变"大"了的家庭仍旧免不了吵吵闹闹，但是对于每个人来说，家庭就是你无论何时都可以停靠的港湾，我们为什么能这么说呢？那就是因为这个家庭最初的结构是由两个相爱的人而起的。

　　2009年9月9日，迷人的秋风送来隐约的爆竹燃放的香气，送来新娘和新郎此起彼伏的幸福的笑声。因为长长久久的谐音，这一天，似乎整个城市的空气中都是"有情人终成眷属"的味道。

工具材料：
玩具车/水粉颜料/水
水粉笔/洗洁精/皱纹纸
剪刀/白乳胶/红纸
彩纸/报纸/素描纸
油画棒/粉笔

这是一个多么好的契机啊！于是我们在活动室里用彩色的气球做成喜庆的拱门，我们把孩子们在活动室画成的"结婚照"悬挂起来，我们找来童车假装婚车让孩子们用画笔精心装扮，我们给姑娘们准备了头纱、给小伙子们准备了领结，我们请自动结为"夫妻"的宝贝们在活动室门口拍摄婚纱照，结果一对"新人"拍照完毕后就再也不肯分手，而是你拽着我、我拉着你，一定要一起回同一个家！

其实，单纯从美术的角度看，这就是一个以绘画为基本元素的课程。但绘画却从来不仅仅是我们想要的，我们很贪心。在这次活动里，我们想要长长久久的温暖气氛感染孩子们；我们想要因爱而结合的种子在孩子们的心里生根发芽；我们甚至希望来接孩子们回家的父母看到这样热烈的场面能够触景生情，能够在今后的家庭生活中真正宽容和宽厚起来。

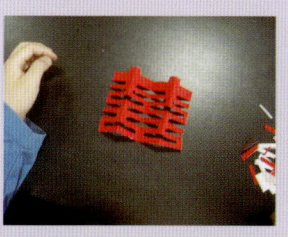

结婚进行曲

工具材料：玩具车、水粉颜料、水、水粉笔、洗洁精、皱纹纸、剪刀、白乳胶、红纸、彩纸、报纸、素描纸、油画棒、粉笔。

制作过程：几个小朋友一组给玩具车上色，做婚车；几个小朋友一组剪喜字，用皱纹纸搓成小球球粘在报纸球上，做婚车的花球，还有小朋友画婚纱照；然后小朋友撕一些彩色纸的碎片，做撒花；最后小朋友一对对地在结婚进行曲中扮演王子与公主。

伙伴生活

聚会

每一次孩子们来到"玩美"的活动室,都是一次快乐的聚会。孩子们见了面会用他们自己的方式跟对方打招呼,比如,乐乐一遍一遍呼喊:"宝宝!宝宝!"宝宝就对着乐乐一遍又一遍地回应:"乐乐!乐乐!"但除此之外他们并没有别的话要说;又或者甜甜坐到了心心的身边,她们相互挤来挤去发出嘎嘎的笑声;也有的男孩子会把折好的一架纸飞机飞到他要交流的伙伴的身上,而那个孩子就会迅速地把飞机再飞回来,他们之间的默契于是形成了,接下来我们能看到他们共同制造纸飞机并在活动室里来回试飞;还有的孩子会以进攻的方式来打招呼,每到这个时候活动室里就会纠纷四起;也有的孩子不会采取什么主动的方式,他安静地找到一个地方坐下,饶有兴致地观察他的伙伴们。好些时候我们因为看不到他的内心世界想去跟他聊天,但常常是他平静的和对伙伴们充满兴趣的表情阻止了我们。

我们想到也许可以给他们来一次具有仪式感的聚会,用一种巧妙的方式,让他们在目标明确、程序清晰的聚会仪式上完成内心可能有的转变需求。我们是在设计完成这个聚会的方案之后,才发现有不少的文字在谈论我们这个缺乏仪式感的时代;也有一些观点的交锋,比如一方认为过渡仪式化是有害的、是大搞形式主义,而另一方则认为重建仪式感有助于重建一个人的价值体系,甚至仪式有它神奇的功效,一位妻子就曾经用自己发明创造的夫妻间的一个小仪式挽救了即将破裂的婚姻。

工具材料：
一次性盘子/彩色的面
甜点/餐巾纸/水粉颜料
卡纸/剪刀

从我们的经验出发，我们是赞同后一方的观点的，因为我们感受到了恰当的仪式所带给人们的魅力。具体到孩子的身上，我们的感觉是当孩子在成长过程中经历不同的阶段时，我们为他们进行物质上的准备轻而易举，而面对心理上的准备却常常束手无策。可如果我们可以在安排一次旅行、一次聚会或送一件礼物时，赋予孩子一定的仪式感，就能激发孩子对新生活的无限遐想，这对孩子的自我定位和自我发展一定会有积极的作用。

那天我们告诉孩子们要搞一次冷餐会。我们要做的事情很多很多，首先要找到一张餐桌，足够坐下我们所有的小朋友；其次我们要布置一下餐桌，起码我们要给餐桌铺上一块好看的桌布；然后我们要选择冷餐的材料；再后我们要在一个叫做厨房或者操作间的地方进行冷餐的制作；最后我们把盛满食物的餐盘端到之前就准备好的餐桌上；接下来就是入座，等待开席，而开席之前是要有人说两句话的。孩子们听到这里已经很激动了，但是，我们的话还没完呢！因为我们是用橡皮泥制作冷餐，所以我们是不是每个人再用硬纸做一个自己，让那个自己去吃橡皮泥冷餐呢？

当所有的"自己们"都就座之后，我们邀请孩子们说两句话，这个邀请也许有点儿不合时宜，孩子们的新鲜感还很高昂，他们叽叽喳喳地说着自己盘子里的食物名称，从香肠到果冻不一而足。于是我们站起来，郑重地告诉孩子们，这是一次真正的聚会，从这次冷餐会之后我们就是真正意义上的朋友了，而怎么才能做一个真正的朋友，谦让和宽容就很重要了。孩子们安静起来，那时候正好黄昏来临，温暖的光线水一般漫过我们心的堤防，我们自己被"朋友"两个字所融化，轻轻地走到孩子身边，蹲下去和他们一起欣赏那个美妙的聚会场景。小女孩趴在我们的耳朵边说："下次不吃橡皮泥，我们吃真正的饼干吧！"

聚会

工具材料：一次性盘子、彩色的面、甜点、餐巾纸、水粉颜料、卡纸、剪刀。

制作过程：将餐巾纸折成三角形（事先将水粉颜料调好盛在盘子里），把三角形的每个角都沾上颜料水，打开餐巾纸，会有漂亮的花纹，再用彩色的面通过搓、揉、压、拍做成各种甜点放在盘子中，然后再用卡纸画出一个自己的样子并沿外形剪下。最后请小客人们围坐在餐桌边分享甜点和水果，多种材质，多种艺术创作的方式，有得吃，有得玩。孩子乐在其中，享受着合作和分享的快乐。

午睡

　　"午睡"这个方案的设计有一段颇为神秘的开始。那是夏天的一个中午,阳光和风挟着热浪一层一层地涌向"玩美"的活动室。当时活动室里没有孩子,是我们为孩子们"备课"的时间。那热浪拍打着我们,有些昏昏欲睡的意思。我们的面前摆满了各种材质的"教具"——一次性水杯、餐盘、酸奶杯、纸巾、卷筒卫生纸中的那个筒;空的易拉罐和酒瓶、陶罐、瓦罐、不同造型的花瓶、蔬菜水果五谷杂粮;纸盒子、木块、石头、树杈、院子里拔回来的野草、粗细不均的铁丝、塑料袋甚至砖块;款式繁复多样、尺寸大小不一、五彩缤纷的各类纸,以及一盒一盒排队等候着小朋友使用的各种油画棒、水彩笔、水粉、颜料、乳胶、塑料泡沫,还有一些镜子。关于"玩美"方案的创意和设计,通常会来自眼前这些看起来完全不相干的混乱的材料。

　　我们中的男老师开始摆弄他手里的相机。我们中的女人就想起她曾经看到过的一本杂志。那本杂志上有一组照片叫她在这一刻忽然记起之后就再也不能忘怀——那是一组关于睡姿的照片,是国外的某几个家庭成员,他们接受了一个摄影爱好者拍摄他们睡姿的邀请,也就是在他们卧室睡床的上方安放一个可以连续自动拍摄的照相机。这几个家庭的成员结构分别是:一对夫妻、一个单身女人和一只狗、一个三口之家以及一个孤独的男人。那组照片分别是他们熟睡后的动态的模样——夫妻从相拥到背靠背，那只狗从床尾到了床头，小婴儿从竖着睡在爸爸妈妈中间到完全横在了父母的身上，那个单身的男人总是蜷缩着……这组照片的视觉效果十分奇特，它们让我们看到了我们几乎不可能看到的关于自己的一个日常景象。那些普通的睡姿似乎有着许多的内容：那张微微开启的嘴、那个明显在快速转动着的眼球、那个始终不曾舒展的脊背、那些散乱的头发松弛的肌肤似有似无的表情，所有这些都在不为我们所知的深邃的夜里由我们和自己的亲密伙伴上演，是那么神秘而又有趣。

于是我们把镜子交到了孩子们的手里，看看睡觉前的自己再画画睡着后的自己吧！孩子们的反应很快，穿绿背心的小男孩最先跳起来说："都睡着了我们怎么能看见自己啊？"然后他似乎很挑衅地冲着我们嘎嘎地笑起来。我们说是啊，这个问题问得很关键。我们究竟怎么才能看见睡着的自己呢？有谁能想出来呢？穿粉红色连衣裙的小姑娘走到绿背心的小男孩面前说："你可以先睡，你睡的时候我画你。然后你醒，我睡的时候你再画我。"这个方法好不好呢？会不会还有别的办法呢？我们问孩子们，孩子们顾不上回答我们已经兴奋地动起手来。其实在画睡姿的过程中，孩子们谁都没有舍得先去睡。他们通常的做法是认真地在地面上摆出一个自己惯常的入睡时的姿势，然后就认真地画起来。当和自己的身体同样大小的作品完成后，大部分的孩子都躺到了"自己"的身边，他们一度被自己的作品所迷惑，他们伴着"自己"纷纷睡去——看看，原来不要说整个世界，就连我们自己也有这么多未知的领域要好好探索与开发呢！

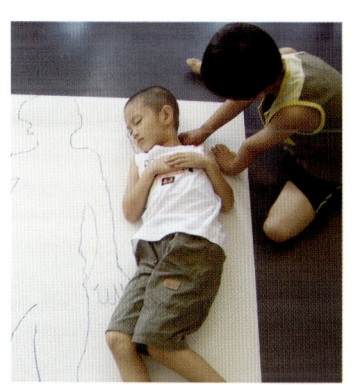

午睡

工具材料：全开白纸、油画棒、镜子。

制作过程：一个孩子躺在纸上摆出睡姿，另一个孩子用粉笔描画出他的轮廓，然后交换进行，当两个人的轮廓都画完后，再让孩子们通过观察镜子中的自己，用油画棒画出五官和衣服，画得像不像没有关系，我们要关注的是孩子在这个活动中会得到更多的快乐和艺术创作的激情。

工具材料：
全开白纸
油画棒/镜子

伙伴生活

其实你不懂我的心

"HOW TO"这本书的中文名很长,对家长也颇有吸引力,它叫做《如何说 孩子才会听 怎么听 孩子才肯说》。因为它在全球范围内不俗的销量,使得我们也手捧"HOW TO"。在读之前,我们是有疑虑的。因为大部分的"引进早教"在国内水土不服,而国内虽然有许多令人尊敬的早教专家,可是在中国特殊的文化背景下,确实缺少原创的适合中国儿童自身发展的具体可行的早教方案。玩美是我们正在摸索的一套体系,学习和借鉴于我们而言非常重要。

一本"HOW TO"我们用了将近3个小时的时间翻阅完毕。美国人的实干精神着实让我们有许多感慨。"HOW TO"里面基本上没有所谓的理念,它以家长培训学校的方式教给父母们许多颇为具体和细腻的与孩子相处的办法。美国的家庭里通常会有2到3个孩子,按理说,他们并不存在"独子难教"的困境,但他们对如何与孩子沟通、如何与孩子平等相处的探讨却非常务实。书中所有案例和家长练习题,都反应出了他们培养孩子的一个目标,那就是让孩子以后能够成为一个独立的、内心有力量的人。在这一点上,玩美和"HOW TO"其实是非常相通的。我们在玩美时常常要去注意孩子们是否在尽情地释放内心的感受,在"HOW TO"中论及最多的也正是孩子的感受。从帮助孩子面对自己的感受到让孩子能够体会到自己所有的感受,都是可以被父母接

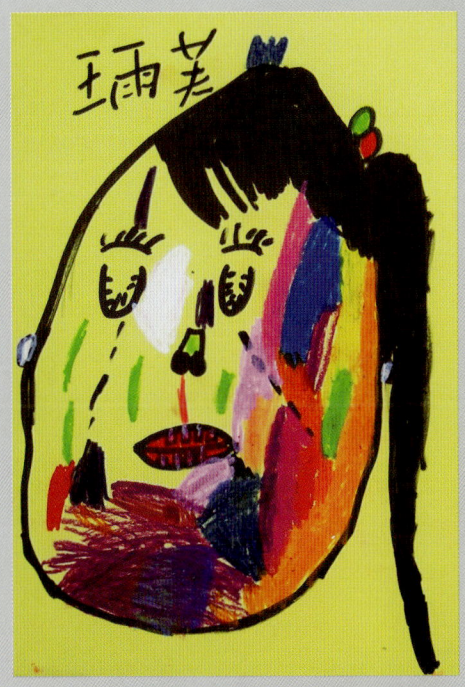
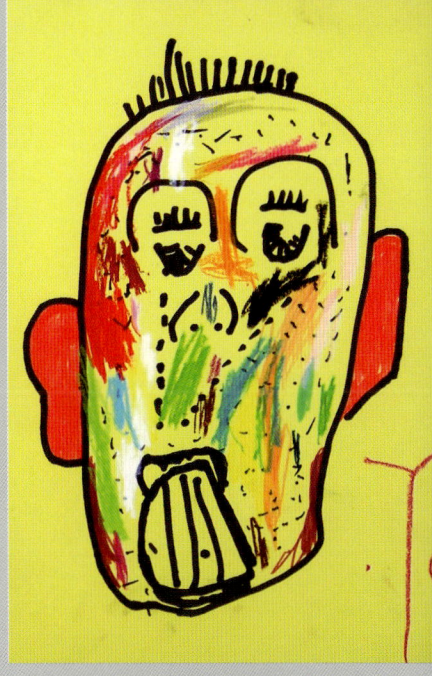

工具材料：
镜子/A4彩色纸
记号笔/油画棒

纳的，生气、沮丧、郁闷都是极其正常的，而不是一味地在父母"Are You Happy？"的追问下，背负起我总是要很快乐很乖巧的心理负担。

这样，"其实你不懂我的心"的玩美方案就顺利出炉了。我们告诉孩子，你可以高兴，高兴当然好，但是你也太有理由不高兴了，你有权利为了某些事情去生气、伤心甚至愤怒，难道不是吗？今天，我们就要邀请小朋友们把自己不高兴的一面大胆地表现出来。

那一天有一个景象令我们久久动容。那个平常颇为文静的男孩子，听到我们的邀请后竟然带着微笑地流出了眼泪。我们不敢打扰他，悄悄地把笔和纸放到他的跟前，他的那个悲喜交加的表情虽然迥异于成年人，因为那里面还有着十足的天真的味道，但是这个男孩子毫无疑问在警告我们，小小的他们，内心已经足够丰富。

其实你不懂我的心
工具材料：镜子、A4彩色纸、记号笔、油画棒。
制作过程：孩子也有自己的快乐和不快乐，只是他们的心情都是写在脸上，在孩子哭泣的时候，在他的面前摆上一面镜子，让他看看自己泪眼汪汪的样子，没准他会破涕为笑，让孩子挑一张他喜欢的纸，记录下自己不同心情时候的表情，让孩子学会观察，学会捕捉生命中有趣的瞬间，比一张画画得像不像更加重要。

伙伴生活

海底世界

我们常常把以下的电影画面认为是非常拙劣的表现：惊涛拍岸的海边，男主人公身穿过膝长的风衣，仰天长啸："为什么为什么为什么？"激昂而挣扎的音乐响起后一组航拍的镜头跟进：阴霾的天空下男主人公张开双臂，一个巨浪掀翻在一块礁石上，一群海鸥长空搏击……我们会笑话这样的表现，觉得符号化程式化，人们内心的痛苦难道一定要跟大海有关吗？

内尔纳·弗朗索瓦·巴德龙医生是法国的一位海水治疗医学顾问，并为规范海水浴中心成立了"海洋健康联盟"。他告诉人们，大海确实能够治疗人们内心的伤口。2006年他接受《心理月刊》的访问时，就谈到那些在海水中富含的大量微量元素和矿物质正是可以让我们的身心恢复活力的能量。在那一次的专访前面，《心理月刊》甚至引用了许巍的一句歌词来证明大海其实正是人们情绪的疗养地。那句歌词是："每一次难过的时候，就独自看看大海。"事实上，"玩美"中的我们都与大海有过不解之缘，都有过面对无比宽广的大海做出一个内心决定的经验。也就是说，我们都体验过大海所拥有的能力。

对于孩子们而言，大海还是有些陌生。我们鼓励他们的父母积极寻找时间带着孩子去海边嬉戏和体验，同时在这一次的方案开始之前我们通过影像资料让孩子们了解到大海的样子——那海面是多么宽广平静，而平静的海水下又是一个多么丰富的世界。孩子们几乎不存在什么内心的痛苦需要宽广的海面来抚平，所以他们对海底世界的精彩欢呼雀跃。

在这幅集体创作的作品中，孩子们在我们的引导下自由畅想，他们一边交流海洋馆里的所见所闻，一边将想象中的海底世界描绘出来，相互还会有"你的章鱼比我的小"，"我的鲨鱼要游过来了，当心啊"这样的评论，彼情彼景之下，我们甚至都能看到那蔚蓝色的海水跃然纸上。

工具材料：
全开白纸/水粉颜料
水粉笔/彩色纸
线/橡皮泥

海底世界

工具材料：全开白纸、水粉颜料、水粉笔、彩色纸、线、橡皮泥。

制作过程：先准备好各种各样的鱼类和海洋生物的图片，让孩子们观看后，画出大海的颜色，再在深浅不一的地方画上孩子们喜欢的鱼及海洋生物，最后折叠几条小船贴在海面上，再做几个渔竿系上线，钓鱼喽。

都 市 生 活

都市，似乎是从所有具体的城市中抽象出来的一个概念。说到都市，我们总也躲不过时尚、繁华、喧嚣热闹这样缺乏个性的提炼。而实际上，许许多多的中国成年人和他们的孩子所生活的大大小小的城市，却是独具个性的。每个城市都会有只属于自己的表情。城市绝对不是不接地气的，它自成一体、自有其因果与脉络。每一个城市，或年轻或古老，都有它自己的历史渊源和人文精神。

也在因此，重新认识和体验自己长久居住的城市，是我们忙里偷闲该做的一件事情。为什么说该做？那是因为这样的边走边看，有助于一个人独立思考一些精神层面的问题。如果我们永远忙碌，永远当名与利的奴隶，时间长了，我们就会大脑萎缩丧失基本的判断能力，变得人云亦云。而一个无法独立思考的人，你很难想象他如何培养自己的孩子拥有独立的个性与思想。

因此，我们要问问自己，在久居的都市之中，我们是否真的了解这座纪念碑的意义？我们又是否认识到那座博物馆的价值？我们体验过巨大的音乐厅的魅力吗？我们又曾经在美术馆里徜徉吗？新城区里那簇新到纤尘不染的雕塑，是不是新兴城市的建设者们激情澎湃的表情？而老城区里破败的门楼、极具地域特色的建筑物，以及斑驳的砖墙上一棵年迈而高大的梧桐树那光与影的韵律，共同写就的又是否是一曲伤感而积淀深厚和耐人寻味的岁月之歌？

体验，并且丰富的体验，去看、去听、去尝、去触摸、去回忆、去诉说，去幻想，我们要知道，这些是带给我们自己的和孩子的最好最妙的社会实践课程。我们也许可以帮助孩子调整一下现有的学习节奏，从各种早已远离兴趣的兴趣班里转身而出。带着你的孩子去博物馆看一次城市建设的展览吧！带着你的孩子去音乐厅听一次童声合唱吧！去悠久的小吃一条街吃一回传统小吃吧！让你的孩子用他稚嫩的小手轻轻抚摸一下城市雕塑中那个妈妈的大肚子和她身边的孩子脸上灿烂的笑容吧！去走回自己童年时就读的那所小学，告诉她（他）你小的时候有多么调皮吧！去孩子出生的那个医院，让（她）他认识一下给孩子接生的那个慈祥的老大夫吧！然后再去横跨在江水上的一座大桥上、一个可以俯瞰全城景色的旋转餐厅里，一个登高就能发现远处的高楼似海市蜃楼的山顶顶峰，和你亲爱的孩子一起畅想明天和未来吧！

利用自己所生活的城市里丰富的资源，教会孩子观察与体验，引导孩子读懂历史与现在，让她（他）感到自己是个有根的人，让她（他）在今后需要一路前行时不容易迷失方向。

都市生活

雾都的早晨

那是个初秋的傍晚,一个小女生从家乡重庆回到北京。我们有意地问她,重庆和北京有什么不同?她说:"重庆好辣!北京不辣!"多好的回答啊!她又说:"重庆好陡,北京是平的。"我们为她鼓掌,她能够这么精准地描述出重庆作为山城的地理特点以及北京"摊大饼"的路况构造。那么还有呢?小女生有些迷茫。我们继续启发她,今天早上火车进北京站的时候有什么特别呢?小女生想了想说:"今天早上北京看不清楚,重庆也会看不清楚的。"好宝贝,你的每一个回答都很形象和准确,让我们一下子就明白了你要表达的意思。

那个穿着灰色马甲的男孩子要显示自己的气象常识:"那个叫做有雾,不叫看不清楚。"我们请男孩子来给女孩子解释一下雾究竟是什么?他说:"雾就是水蒸气,但是我们看不见它,不过它能让我们看不清楚。"女孩子们"哗"地一下笑起来,她们大概不能理解男孩子的描述。是的,怎么才能给这么小的孩子们解释清楚呢?我们比划着,如果取一立方米的有雾的空气,这个大方块就是一立方米了,又如果我们可以用显微镜来观察这一立方米的空气的话,那么我们就能看到里面有许多的小水滴悬浮在空气里,这就是雾了。雾和云都是由于温度下降而造成的,雾实际上也可以说是靠近地面的云。雾的形成是需要一些条件的,第一个就是空气突然遇冷,第二个就是空气十分潮湿。而重庆四周广布的水系和多山的地理特点决定了这是个多雾的城市。

世界上还有一个被称作"雾都"的地方,就是英国的首都伦敦,我们一边给给孩子们播放着关于伦敦的影像资料,一边继续解释:伦敦的雾常常弥漫不散,连续好几天,空中都是充满了白茫茫的小水滴。泰晤士河两岸的尖顶教堂、高层建筑都被掩盖起来,只剩下一些空中楼阁。不过经过环境治理,多年不见的小鸟现在又重新在伦敦上空飞翔了。还有呢,我们点击鼠标,画面上

出现了一张电影海报。我们接着说，这张电影海报上的小男孩，名字叫做奥利佛，他是英国作家狄更斯写的小说《雾都孤儿》里的主人公，后来人们把这部小说拍成了一部同名电影。

"他是个孤儿吗？"男孩子问。是的，他被他家里的人抛弃了，从此过着颠沛流离的生活。因为他出生在伦敦，所以狄更斯叫他"雾都孤儿"。

"那后来他家里人找到他了吗？"女孩子动了恻隐之心，睁大了忧虑的眼睛看着我们。是的，故事的最后，奥利佛终于和他的亲人团聚了。孩子们松了一口气。对于孩子而言，他会对"你再不听话我就不要你了"的恐吓信以为真。那次方案的最后，我们邀请爸爸妈妈来欣赏孩子们用水喷出的雾都的早晨，我们更恳请父母们别再轻易地用任何方式来威胁天真的孩子们，当孩子们"不听话"需要调教的时候，我们试着尽可能用一种就事论事的方法和平静客观的态度会更加奏效。

晨雾

工具材料：全开白纸、水粉颜料、水粉笔、喷壶
制作过程：将大纸贴在墙上，让孩子画上每天都看到的城市建筑、交通道路等，然后，让我们也来学学老天爷的样子——"起雾喽！" 退到一米以外的距离，用喷壶喷射出水雾在画面上，水和色的融合，使画面变得朦胧，如诗般美丽。

工具材料：
全开白纸/水粉颜料
水粉笔/喷壶

都市生活

雕塑大全

　　这个方案开始的时候，我们在背景音乐的烘托下，给孩子们放起了城市雕塑的幻灯片。这些幻灯片上集中了世界范围内许多著名的城市雕塑——布鲁塞尔的《撒尿小童》、纽约的《自由女神》、新加坡的《鱼尾狮》、深圳的《拓荒牛》、大连的《足球》……，除了这些有着具体形象的城市雕塑外，我们也给孩子们播放了大量概念抽象的城市雕塑。目的是为了让孩子们明白雕塑这东西可以如此逼真，也可以如此写意。

　　我们告诉孩子们，城市的雕塑就像一篇文章中的标点符号，也像一首乐曲当中的休止符，还像一个人说话时喘息的时候、断句的地方。而所有这些都是为了有疏有密、有张有弛、有紧有慢、起伏错落的节奏感。我们给孩子们唱起大家都很熟悉的歌曲《小星星》，我们用刻板均匀和错落有致、富有节奏感的两种方法演唱这首歌，孩子们能够明确感受到节奏所带来的美感。我们对孩子们说，这个世界上许多许多东西都是相同的，就好像说一个城市如果有了节奏感，也同样

会让人舒服一样，如果城市里只有林立的高楼、纵横的道路那就会让人喘不过气来，那种单一、刻板会给人带来压迫感，因此城市中一定会有大量的绿化和星罗棋布的雕塑。

　　城市雕塑在西方拥有悠久的历史，而且从不曾因为时代和社会及国家的更迭而中断。从古希腊、罗马到中世纪、文艺复兴及17、18、19世纪，直到20世纪，几乎遍及各国的大小城市，成为城市建设及其文化的重要组成。在中国，自觉地将雕塑作为城市的组成部分是直到20世纪上半叶的事情了。虽然现在雕塑在我们的都市生活中并不缺少，但优秀而隽永的经典之作还不算多。

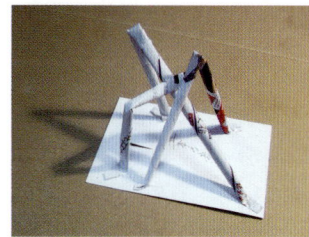

工具材料：
报纸/透明胶条
卡纸

线形雕塑

工具材料：报纸、透明胶条、卡纸。

制作过程：这是个环保小活动，搜集废旧报纸裹成长短不一的几根小棍，让小棍在卡纸上站立起来，任意摆放和搭建，从不同的角度可以观察到不同的美。

都市生活

工具材料：
小卡片纸
剪刀

我们把制作各类雕塑的材料分发给孩子们，鼓励他们大胆创意，将来成为我们这所城市里一名出色的建筑师或者城市景观设计师。孩子们一边制作，我们一边陪伴他们憧憬，拥有任何一个梦想，对于人的成长来说都是非常重要的。

插件

工具材料：小卡片纸、剪刀。
制作过程：将卡纸剪成各种不同的形状，并在卡片的相对两边各剪一个卡口，将这些形态各异的小卡片随意搭建，不同的搭建方向就会有不同的美感。

工具材料：
矿泉水瓶/小铁丝
彩色纸片/透明胶条

活动的雕塑

工具材料：矿泉水瓶、小铁丝、彩色纸片、透明胶条。

制作过程：在瓶子里装上水并调一些颜色进去，把小铁丝的中间部分扭一个小圈，两头也圈上，并用彩色纸片剪出各种图形，用透明胶条贴在铁丝上面，放在瓶子上面，让其左右平衡，吹一口气，彩色纸片会带着小铁丝快速地转动，带给孩子们无限的想象空间。

都市生活

光和影的邂逅

　　这一次的方案开始的很特别，我们没有在活动室里面等孩子，而是站在活动室外面的院子里等待孩子们的到来。孩子们不能像往常那样进入活动室而是在院子里面每人领到了一支粉笔。他们很好奇，用非常期待的表情看我们，也看彼此。我们说，今天阳光非常好，我们就先在院子里找找影子好吗？然后再用粉笔把你们找到的影子画下来吧。

　　孩子们对找影子的活动感到非常新鲜。在空旷的水泥地上他们自然地发现了彼此的身影，在为彼此勾画影子的轮廓时，孩子们的发现则越来越多："你别动！你看，影子跑了！影子变了！影子没了！影子又回来了……"

　　影子确实是个神奇的东西，它无声无息，只要有光源，就忠实地跟随着你或者它跟前的任何一样东西。它的紧紧相随与挥之不去的特性，被流行歌坛的天后王菲唱进了歌里，她用影子来形容思念这种情绪对一个人内心的侵蚀——"思念是一种很玄的东西，如影随形……"

离开阳光下的影子，我们又在活动室的小桌子上用灯光和孩子们创作的从画面上"站起来"的小房子、小动物继续制造"光和影"的邂逅。这时候我们告诉孩子，影子尽管无处不在，但是它的形成却需要有光，有一个不透明的或者半透明的遮光的物体，还要有一个显示出影子的地方。而如果我们细心观察，就会发现影子的长短和方向都会因为光源的变化而变化。一棵树，早上的时候，树的影子在西边，下午树的影子却跑到了东边，这就是由于太阳的东升西落造成的。而古人则根据影子能够随着时间的变化而发生移动的规律，发明创造了一样东西。

这样东西是什么呢？说到这里，我们打开电脑，屏幕上出现了一张图片。孩子们好奇地盯着图片上圆圆的大家伙热烈地议论："石头做的大盘子！""不是，那上面还有一根

针呢！""那就是指南针！那就是古代发明的。""它看起来像个钟表！"很好！看来大家都很想弄明白它到底是什么！我们欣赏孩子们积极探讨问题时专注和认真的态度。而谜底自然要我们来揭晓——图片上的大圆盘子，叫做日晷。它就是我们的祖先利用太阳投射的影子来测定时间的一种仪器。这个大大的石制的圆盘就是钟面，而圆盘中心有一个铁针。聪明的古代人把日晷倾斜地安置在石座上，钟面分成12个时辰，人们看到指针在钟面上的投影，就知道是什么时间了。

都市生活

工具材料：
半开卡纸/小卡纸
双面胶/记号笔/光源

光和影

工具材料：半开卡纸、小卡纸、双面胶、记号笔、光源。

制作过程：奇妙的灯光从不同的方向照射在制作好的卡片上会出现不同的影子，将半开的白卡纸铺在地上，让孩子在另外的小卡片上画上画，并剪下来，用双面胶将画好的卡片立在白卡纸上面，用光源照射立起来的卡片，会在白卡纸上投下奇怪的影子，让光源时远时近，仔细观察光和影的变化，并选一个光源照射方面将影子画下来，让孩子体会明暗变化的和谐之美。

其实，光与影的邂逅首先是一个自然现象，它不断地被人们拿来思考和利用，而当它作为自然科学与人们心驰神往的艺术领域相遇相知相爱之后，就有了摄影和电影这样伟大的艺术门类的诞生。我们想给孩子们传递出的信息是，世界万物皆有灵性，谁都不会孤立存在与别的事物老死不相往来。它们之间的转换与融合自然而美妙，常常让我们觉得不可思议。那么，接下来我们自己来制作一个小电影好不好呢？

工具材料：
四方镂空的卡纸
拷贝纸/灯光/竹签
小卡片/透明胶条

孩子们兴奋地做了一些小动物，躲到屏幕后面为它们配音，演绎和讲述属于它们之间的Little story，我们听着那些不完整的、片断的、甚至不太合逻辑的小故事，那里面的天真美好和信以为真让我们心里生出许多感动和一些伤感。我们感伤于自己不知何年何月早已丢失了天真美好的能力，要不是孩子们，我们又何时才能重新体验那种毫无顾虑的简单快乐呢？

我们的小电影

工具材料：四方镂空的卡纸、拷贝纸、灯光、竹签、小卡片、透明胶条。

制作过程：电影开幕以前先准备好演电影的屏幕（四方镂空的卡纸四周贴上拷贝纸），让孩子在小卡片上画好自己表演的角色并剪下，用透明胶贴在竹签上面，编好故事，将光源放在屏幕的背后，电影屏幕的后面一双稚嫩的小手会展现出他或她天马行空的想象力和无与伦比的创造力。

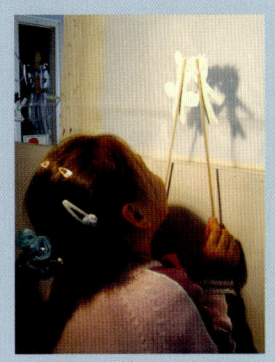

都市生活

城市里的街巷

现在有一种着装方式被称为"混搭"。我们常常能看到街上的时尚女达人，她们中西合璧、长衣短裙、层层叠叠、披披挂挂。如果"混搭"恰当，一个女人看上去就显得很丰富又很统一，她们身上的那些个物件不仅单独看很抢眼，穿在主人的身上还能与主人的气质一起弄出另一种凌乱和谐之美。其实"混搭"的风格早已弥漫在都市生活的方方面面。北京的南锣鼓巷就是传统的市井生活与强劲的时尚小资风甚至国际魅力潮的混搭。不仅如此，南锣鼓巷里的圆恩寺胡同13号还是茅盾生命中最后七年所生活的地方，而黑芝麻胡同又是清末四川总督、兵部尚书奎俊的府邸，一条混搭的街巷里历史凝固，生活继续。

相比较北京的南锣鼓巷,上海许多老街巷里的市井生活气息更加纯粹和浓厚。上海作家王安忆曾经用接近2万字的篇幅在其代表作《长恨歌》的开篇描述了上海的一条里弄,在她的描述之中,一条拥有无数烦琐、凌乱的细节却充满意外之美的街巷在弥漫的人间烟火之中带着味道、带着温度款款而行,她的描述之精彩甚至在《长恨歌》要拍成电影时,被我们断定不可用影像来还原。

我们把去南锣鼓巷拍回的影像资料以及搜集到的上海老街的一些影像资料放给孩子们看,让他们去感受伸手可及的日常琐碎。告诉他们城市不是只有俯拍的高楼大厦、钢筋水泥,更有微观而柔软的市井民风。这就好像如果真的有外星人看地球,除了看到蓝色的星球在旋转,他们还一定会用超级倍数的太空望远镜,看到地球上的人们是如何沉浸在这些琐碎而家常的日子里,并且沐浴其温暖的光泽。

在这个方案中,孩子们进行了充分的角色体验。谁家正卖报纸杂志,又该去谁家选购鲜花水果,孩子们专注地装修属于自己的那一小块天地,又热烈地关注着街坊四邻的模样。

工具材料:
A4浅色卡纸/小卡片
彩色纸/胶棒/签字笔

城市的街巷

工具材料:A4浅色卡纸、小卡片、彩色纸、胶棒、签字笔。

制作过程:换一种思维方式,让孩子平时画的平面画站起来,将A4浅色卡纸对折,用剪刀在有折痕的一边剪上几刀,用手指往里推会出现相反方向的方块,让孩子发挥想象,方块作为店铺,联想看到的街景,用彩色的纸片来装饰店铺,用签字笔画上好看的画,做个立体的街道,用艺术活动的形式再现孩子身边的故事,不同的形式,不同的材质,不同的表达方式,能让孩子玩得更加尽兴,更加"玩美"。

都市生活

涮涮吧

设计这个方案的时候，正赶上北京天寒地冻。那天，才5点多钟，天色就全黑了。华灯初上的北京城，夜生活比平日更早地降临到这座国际化大都市。我们都是孩子的爹妈，夜生活虽然已远离我们许久，但是基本的常识和流程我们想应该没什么变化。总之，晚饭肯定是要放在第一位解决的。我们沿着冰凉的大街行走，马路两边的餐馆灯火辉煌、热气腾腾，而其中最为火爆的就是一家一家的火锅店。是啊，中国的饮食文化向来博大精深，中国人把多少的智慧都投放到了一个吃字上啊。我们透过雾气腾腾的玻璃窗，看到餐馆里面的食客不亦乐乎的样子，就想，涮火锅有没有可能成为一次玩美的活动呢？

有，一切皆有可能，因为一切皆有可能存在美与美的传说。那么，怎么通过艺术的手段在"玩美"的活动室里再现涮火锅的情景？又怎么能在大冷天制造出火爆热烈的氛围，在我们的创意会上大家讨论得兴致盎然。最后我们达成了以下几点共识：

第一，要当真。当真，是孩子的一大特点，也是孩子最为可爱的地方。许多时候，我们成年人不会去相信的一件事情、一个场景，或者一个人物，但是孩子却会相信、会当真。我们鼓励孩子当真，鼓励孩子相信，其实是鼓励孩子能完整地保留他们的童真与天性，这也是"玩美"历来不提倡把孩子塑造成小大人的缘由。第二，要丰富。丰富，是指我们在活动中传达给孩子的信息量或者是文化含量要足够多和大。在这样的思想指导下，我们顺利地完成了这一次活动的创意。

我们首先买来了新鲜的涮火锅常用的蔬菜，然后请孩子们用画笔把它们盛进盘子里，怎么盛呢？其实就是完成一次铅笔淡彩。但是当我们告诉孩子们这些新鲜的蔬菜是一会儿用来吃火锅的时候，孩子们的热情就能轻易地被调动起来，因为他们当真了。之后，我们给孩子们讲述筷子的历史、观摩丰富多彩的筷子的造型，其中也谈到刀叉等西式餐具和中国人发明的筷子的不同，并请孩子们自己动手做自己喜欢的筷子，最后当我们拿出那口自制的大火锅把孩子们用彩色皱纹纸搓成的鱼丸、肉丸、面条和鸡蛋扔进锅里涮过之后，又用自制的大筷子往外捞的同时，我们打开音响让一曲京戏响起，让中国的特色比火锅底料的味道还要浓郁，这就是我们传达给孩子们的丰富的信息、文化的含量。

活动进行到后来，完全身临其境的孩子们情不自禁地去把等候自己的爸爸妈妈拉进来，要求和自己一起涮火锅。爸爸妈妈们也很配合，没人说"这不是真的！都是假的，不能吃"这样扫兴的话，因为我们的家长知道，这就是孩子，让孩子像孩子一样地长大，是我们大人的责任。

工具材料：
水彩纸/皱纹纸/报纸
黑卡纸/水彩颜料/铅笔

涮涮吧

工具材料：水彩纸、皱纹纸、报纸、黑卡纸、水彩颜料、铅笔。

制作过程：先请孩子们用铅笔、水彩和水彩纸对着新鲜的蔬菜进行铅笔淡彩的静物写生，然后再用报纸制作筷子，并请孩子们为筷子的上端画上颜色以及图案。最后用彩色皱纹纸制作那些涮火锅需要的吃食。

都市生活

城市公园

很难想象在一座城市中没有公园会是什么光景？对于大多数的成年人来说，公园是钢筋森林里的世外桃源。那大片大片敞开怀抱的绿地像城市绿色的肺叶，不断地吐故纳新，而世界上每一座历史悠久的公园又都同时兼具丰厚的人文精神。我们在电脑上给孩子们展示了世界上一些著名公园的美景——纽约中央公园里宽阔而整洁的绕园公路，上面是跑步和骑车的人们；伦敦海德公园里像野花一般开在草地上的躺椅，上面是沐浴阳光的人们……嗯，孩子们看着，但并不兴奋，这很正常。当我们把图片定格在主题游乐园上的时候，孩子们的情绪开始被调动起来了："这是香港的迪斯尼！我去过！""这是欢乐谷的丛林飞车，我妈妈不敢坐！""这个青蛙蹦极我玩儿过！"好了，孩子们！这些可以让我们"横冲直撞"或者"满天飞舞"的家伙们的确叫人激动，不过问题是我们用什么方式记录下它们带给我们的美妙感觉呢？

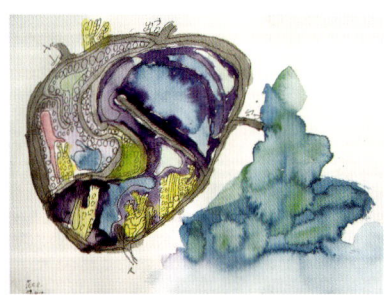

我们用报纸做了一个简陋的摄像机的镜头和机身，然后摇头晃脑地告诉孩子们什么叫做俯拍，怎样做就是特写，以及什么样的景别可以被称为全景。首先，我们自己跳到了一张桌子上对着活动室地面上一个玩具小人一通狂拍，我们一边认真地比划一边说这就叫做俯拍，在俯拍的视角下，这个玩具小人就更加小了，小得像个小蚂蚁；紧接着我们又把"镜头"对准一个女孩子的一只大眼睛，女孩子嘎嘎嘎地笑着，我们说把镜头推上去，整个画面满满地都是这个宝宝的一只大眼睛，这就叫特写；而如果我们站到活动室门口的那个位置，我们能够看到活动室的全貌，这时候用镜头把这个全貌记录下来，这样的景别就可以叫做全景。

工具材料：
水彩色/水彩颜料
水彩纸

城市公园

工具材料：水彩颜料、水彩笔、水彩纸。

制作过程：先请孩子们用钢笔描绘公园俯视图，再用水彩着色。

都市生活

　　孩子们其实并不能完全理解我们所说的这些玩意儿，但是用从未在他们的生活中出现过的电影语言跟他们交流，却叫他们感到非常新鲜，再加上我们上蹿下跳的表演，活动室里的气氛瞬间升温，孩子们已经学着要去找角度拍摄了。我们一看，时机已到，就一边继续全情投入假装大导演的样子，一边来安排这些小摄像们：我们把手上的这一支笔当做摄像机的镜头好不好呢？"好！"孩子们齐刷刷地响应着。于是我们邀请孩子们用俯拍的方式来记录游乐园里那些巨大的过山车和摩天轮们，然后再用水粉上色，那整个效果就像是镜头从直升机上穿越高空迷蒙的雾气捕捉到了地面狂欢的人群。

　　那么适合用特写表现的自然是公园里的人。有意思的是孩子们用画笔这个镜头捕捉到的都是在公园里跑步的人们。

工具材料：
陶泥/长棍/铁丝
各种工具

最后，还有全景呢！为了让这个全景的画面更加立体丰满，我们把孩子们请到了活动室的外面，为他们准备了泥巴。孩子们见到泥巴就爱不释手，迫不及待地建造了一个有整体感的公园。长方形的围墙，围墙里面是孩子们能想到的所有的公园设施。整体设计，这确实是一个全景的概念，而当公园的整体设计建造接近尾声的时候，我们按动快门，来了一个全景！

泥塑公园

工具材料：陶泥、长棍、铁丝、各种工具。

制作过程：玩泥是孩子的天性，泥土这种自然天成的材质，拿在手里还含混着泥土的清香，和孩子们一起玩泥，回到我们小的时候，准备好以前去公园拍的照片，伴着春天的音乐，一起修建一个公园，我们可以引导孩子公园分为几个区，这几个区之间可以通过道路、桥梁来联系，在这个方案中我们也要融入其中，让孩子体会到合作的快乐。

田园生活

有一个现实，我们的都市生活被虚拟了。电子商务兴旺发达、网络社区人声鼎沸。手机、短信、电邮、MSN和QQ早就在渗透到我们生活中的同时，瓦解了我们专注的能力，稀释了我们单纯的心思。我们见过的好东西太多了，我们遇到的刺激也真不算少，而最最要命的是，我们的孩子跟我们一样也"宅"了起来，他们迷恋网络游戏的平均年龄在难以遏制地往下掉。真不知道是我们生活的网络时代错了，还是我们自己包括孩子们都错了。在找不到答案的时候我们首先能确认的是另一个事实——我们这些大人们，先病倒了。

　　2009年4月，《生命时报》联合新浪网健康频道进行了一项调查，在3300名参与者中，超过70%的人承认自己会有不同程度的心理问题，其中心情抑郁、焦虑、强迫是人们出现的主要问题。而导致这些心理问题的原因，归结起来无非是情感、目标、工作和人际关系等方面出了问题。面对越来越多的诱惑，我们越来越迷茫。我们变了，变得人人都有坏情绪，而坏情绪的传染性堪比各种流感。我们自己的情绪那么糟糕，我们又怎能怎样去积极地面对孩子呢？孩子们被坏情绪病毒传染后，也变得暴躁、不安静、不专注，怎么办？

　　忽然有一天，天降大雨，雨后的空气格外清新迷人，那种久违了的泥土和着雨水的腥甜的味道一下子把我们拉回到自己的童年。闭上眼睛想想好吗？我们的童年是什么样子的？脖子上的钥匙、即便在城市也随时可以走在乡间的小路上闻到油菜花的香味、皮筋儿和沙包如此廉价的玩具却能带来巨大而简单的快乐，还有春天的蝴蝶、夏天满地的毛毛虫。那还等什么呢？让我们带着孩子，让我们丢弃掉连我们自己都厌恶的那一部分，去乡下吧！

　　田园生活是要我们做的一次减法，目的在于让孩子明白快乐其实是一件特别简单的事情，如果你想要得到它，你就随时放下那些在你心里来纠结的东西，去做一次没有心事的乡间旅行。这是一种能力，快乐的能力，孩子一生都要用到。

田园生活

听 春

在一个春雨绵绵的夜晚，黑暗中的雨声淅淅沥沥，让我们的耳朵变得格外敏感。紧接着这个夜晚的清晨，春雨停住，阳光在小鸟叽叽喳喳的叫声中再次来到我们的耳畔。我们就想着做一次关于耳朵的玩美活动，也是因为春天的再次降临，也是因为多角度、多侧面地让孩子感受美、发现美一直是我们的初衷。于是我们让孩子们闭上眼睛，让孩子们仔细倾听我们从大自然、从田园山谷采集回来的各种春天的声音：它们有穿越山林的风声、解冻后的河流湍急的水声、绵长的春天的雨声、清晨鸟们的第一声啼叫，还有春耕的牛脖颈上叮当作响的铃声以及农民们播种时的笑声……孩子们第一次惊奇地发现原来自己的耳朵如此神奇，可以捕捉到世间如此多优美的声音。我们请孩子们充分发挥自己的想象，为自己做出一对听春的耳朵来！

没错，这里又提到了想象力。人类的诸多活动，包括严谨的科学活动在最初都离不开大胆的想象力。一个人只有从小就拥有想象的翅膀，才有可能在今后的人生道路上不断地发现和创造奇迹。据说，在美国有一个非常著名的精神赔偿案例。案件发生在1968年的一天，美国一个3岁的女孩指着一个礼品盒上的"OPEN"对她妈妈说，她认识第一个字母"O"。这位妈妈非常吃惊，问她是怎么认识的。女孩说是幼儿园的老师教的。这位妈妈在表扬了女儿之后，一纸诉状把幼儿园告上了法庭，理由是该幼儿园剥夺了孩子的想象力。因为她女儿在认识"O"之前，能把"O"说成是苹果、太阳、足球、鸟蛋等等圆形的东西。但是，自从幼儿园教她认识这一字母后，孩子就失去了这种想象能力。她要求幼儿园对此负责，并进行精神赔偿。这个案例当然有些极端，与中国的文化和国情也相去甚远，但是对幼儿想象力的开发和保护的心愿却是从不分国界的。

那天孩子们为自己做出了不止一对的耳朵，它们形态各异、色彩斑斓，几乎找不到完全相同的两对耳朵。在活动结束前，我们轮流请孩子戴上自己新做的小耳朵，蒙上双眼，测耳细听其他小朋友的掌声究竟从哪里发出，然后去捕捉那个稚嫩而热烈的掌声。孩子们玩得高兴而又专注，我们看在眼里，但愿这些可爱的孩子已经懂得怎么全方位地去触摸和观察这个世界。

"玩美"有一些活动的效果确实会在活动结束之后才慢慢显现出来。这个活动结束了近两周之后，一个孩子的家长告诉我们说，那天她带着孩子进城，突然下起了雨，孩子在车上就闭起了眼睛说，听啊！下雨啦！妈妈很好奇地问她，为什么是听而不是看呢？孩子就回答说，春天的雨声可以听也可以看，可以先听后看嘛。妈妈很欣喜，在她看来，这个世界在孩子的心中渐渐地立体起来了，不再是单一的表达和再现，她告诉我们这是她的孩子"玩美"之后最大的收获！

工具材料：
黑色马克笔/废旧纸杯底
彩色橡皮泥
黑色卡纸/油画棒
细铁丝/海绵纸/订书机

听春
工具材料：黑色马克笔、废旧纸杯底、彩色橡皮泥、黑色卡纸、油画棒、细铁丝、订书机、海绵纸。
制作过程：先将两个纸杯底剪下，用橡皮泥做两对不一样的耳朵，添加表情和身体其他部分。再将细铁丝弯成可夹在头上的弧形，用海绵纸做耳朵，并用订书机固定在弯曲的铁丝上，最后玩拍手听音的游戏。

田园生活

虫虫总动员

　　孩子看待这个世界的方法和角度和成年人是很不相同的，比如动物园几乎就是孩子们的乐园，而成年人的最爱却往往是物质的天堂。从这个意义上说，孩子们更加亲自然、亲大地，与成年人相比他们对动物的兴趣也更加浓厚和纯粹，并且，他们总是能怀着一颗友善的伙伴似的心来观察和体验动物们。那天方案开始的时候，我们带着孩子们在活动室的地上爬得不亦乐乎，我们和孩子们一起换上虫虫的角度来看世界。

　　就像我们在之前提到过的猫和老鼠的创作者约瑟夫·巴伯拉一样，法布尔也是一位了不起的一生专注于自己心爱的事业的人物。这位法国人，是第一位在自然环境中研究昆虫的科学家，他穷尽毕生的力量深入昆虫世界，在自然环境中对昆虫进行观察与实验，真实地记录下昆虫的本能与习性，著成了《昆虫记》这部昆虫学巨著。法布尔的心中充满了对生命的关爱之情和对自然万物的赞美之情，他以人性观照虫性，在他的笔下昆虫的本能、习性、劳动、婚恋、繁衍和死亡无不渗透着人文关怀。更为智慧的是，法布尔还以虫性反观社会人生。人们不仅能从中获得知识和思想，阅读本身就是一次独特的审美过程。

　　说到这里，就不由得想说出我们内心的一些感慨，许多的经典和不朽为什么总是诞生和成长于已经逝去的历史长河中，为什么当下却极难产生？那实在是因为当下的社会让我们绝大部分人

丧失了专注的能力,而专注于一件心爱的事情,心无旁骛地不为身边的诱惑和喧嚣所扰乱,是多么难得的一种美。法布尔在十大册的《昆虫记》的每个章节里都详细、深刻地描绘了一种或几种昆虫的生活:蜘蛛、蜜蜂、螳螂、蝎子、蝉、甲虫、蟋蟀等等。这些昆虫,我们的孩子们都见过吗?

那次的方案很有意思,我们和孩子们似乎始终处在一个趴在地上的状态,就没怎么直起腰来。我们趴着问孩子们,你们都见过哪些虫子呢?孩子们趴在地上回答说:"蚂蚁!""蜗牛!""蚯蚓!""我还见过千足虫!""我见过臭虫!"一个男孩儿大声说,孩子们嘎嘎地笑起来。我们说把你们见过的或者没见过的想象中的虫子都画下来好吗?"好!"孩子们开始趴着作画了。

"老师!你趴着的时候像个大胖虫子!"刚才说见过臭虫的那个男孩子又有了新的发现。我们当然鼓励,好啊!你们要是觉得谁像虫子,也可以画下来呀!于是,在下面这个千虫图上,我们会惊喜地发现一些"人虫合一"的作品,而且既然是"虫虫总动员",那么仅仅用画这一个手段就太单一,我们带着孩子们趴在地上把虫子画在纸上,画在石头上,又趴在地上用报纸做虫,用泥巴捏虫,我们是在想尽量还原法布尔笔下的昆虫世界呢!

田园生活

鲜花和便便

　　有一个春天我们带着孩子们去郊外写生，我们告诉大家写生不是目的，感受一下春日里的田园风光才是最重要的。孩子们欢蹦乱跳地跑在前面，家长们则紧随其后，帮他们背着画夹、拿着画笔、扛着板凳、还拎着饮料和食品，那架势俨然是孩子们的生活兼业务助理。我们看着，心想眼下的这一幕真是中国独生子女家庭的一个小而真实的缩影。

我们大批人马走在北京郊区的一个村落里，途经一个浅浅的小河滩，有动物粪便的味道随风飘来。孩子们不假思索地纷纷捂住了自己的小鼻子，他们嘴里喊着臭！臭！踮起脚尖躲着那些猪粪、牛粪、羊粪和狗粪……有个女孩子回头跟我们说："老师，我不要来这里了，臭死了！"

这是那次春日写生中的一个小插曲，虽然孩子们很快逃离了粪便，并没有影响那天活动的正常进行，但我们多少有些挫败的感觉，因为在我们看来牲畜粪便的味道实在是田园生活的一部分。

我们心里盘算着怎么设计一节"玩美"的课程，让孩子们能真正接纳自然中的一切，包括那些其貌不扬、其味难闻的牲畜的粪便。幸运的是，我们就在这时邂逅了韩国的动画片《哆基朴的天空》。这真

田园生活

是一个让人看了大为震动的作品,它是韩国童话作家权正生的代表作。尽管权正生在韩国享有极高声誉,他却几十年来一直住在家乡土屋,过着清贫的生活。《哆基朴的天空》是个诗一样的童话故事,作者所要表达的生命哲学就是:即使再卑微的生命,也有其存在的价值,上帝会为每个人作妥善的安排。因此,你没有任何理由看不起任何人,包括你自己!

这样的命题自然是我们要在活动中带给孩子们的,因为它对于孩子们的成长尤为重要。但是以怎样的方式带入才能让孩子们更容易理解和接受呢?那自然还是要从孩子们的日常生活入手。当我们询问孩子们早上起来要做什么事情的时候,小朋友们都没有想到要把去厕所拉臭臭的事情也算上。我们说这件事情可是很重要的,可千万不能小看了便便,那么我们人体是怎么产生便便的呢?

于是我们给孩子们打开了人体解剖图,简单地向孩子们描述了人体整个消化道的功能与作用,并指导孩子们用白色的细条卡纸制作出那种曲里拐弯的消化道的模样。而消化道的一端是我

们吃进去的美好食物，经过消化吸收和过滤，另一端就出现了看起来不太美好的便便，但是便便却最终让一朵朵的鲜花盛开！就好像当蒲公英告诉哆基朴，自己只有在它的全力帮助与奉献下才能开出美丽的花并在天空飞翔时，哆基朴毫不犹豫地抱住了蒲公英，于是花开了，蒲公英的种子在风中飘散，哆基朴也漫步于天空，它终于实现了自己的生存价值！

　　活动中，我们除了相对严谨地向孩子们讲解消化道以外，也颇为动情地给孩子们播放了《哆基朴的天空》的片段。活动结束，我们不无自豪地觉得这次"鲜花与便便"堪称是一次艺术与科学的完美结合！

工具材料：
彩色卡纸
棕色及彩色软陶泥
裁减好的白色卡纸条
细铁丝

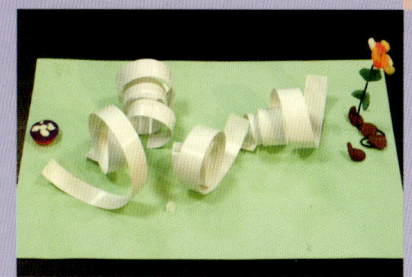

鲜花和便便

工具材料：彩色卡纸、棕色及彩色软陶泥、裁减好的白色卡纸条、细铁丝。

制作过程：用彩色软陶泥做出爱吃的食物，用裁剪好的白色卡纸条卷出一个人体的消化系统，用棕色软陶泥捏出便便，最后用细铁丝和彩色软陶泥开出美丽的花朵。

田园生活

秋色

秋天来临的时候，玩美活动室外面的那一排银杏树树叶渐渐被秋色染成了金黄。在这次方案之前，我们曾鼓励家长们利用休息日带着孩子们去看看大自然里这个季节的景色，去被乡间的秋色感染和浸染。家长们很乐意地接受了我们的建议。孩子们回来后告诉我们，他们觉得最好看的是驱车前往郊区的途中那马路两边秋天的树。我们理解短短的休息日家长很难和孩子们深入农村的田间地头，而这个季节又正是树叶呈现出最灿烂的色彩的时候，自然吸引了孩子们的目光。那些在夏季里一概油绿的树叶，此刻则是淡黄色、金黄色、古铜色或者红色，也间或还有一些深深的绿色，它们非常有层次、非常有质感，远远望去，真的像一幅色彩浓重的油画悬挂于天际。

保持对大自然的好奇和喜悦之情，常常能让一个人拥有年轻积极却又乐观而宁静的状态。藏族人白马多吉就因为对藏区风景的无比眷恋和热爱，放弃了中央电视台这样一个极为诱惑人的工作。他选择从北京回到藏区时，内心有过挣扎，但最终是香格里拉、是梅里雪山这样人间罕见的自然美景以及藏文化丰富的精神内容，让他毅然决然回到了家乡。他在西藏开起了酒店，同是酒店，他对城市里的"酒店"嗤之以鼻。接受访问时他会说："去我的五星

级酒店！"，因为他的酒店里，间间都是看得见风景的房间。我们看到这篇报道时，被白马多吉的一张照片所深深触动，照片上，他坐在自家酒店的院子里看书，远处就是雄伟的梅里雪山，高原的阳光照耀着这个藏族男人轮廓分明的脸，我们似乎读到了他内心坚定而又宁静的力量。

这就是自然赋予一个人的力量，这种力量让久居都市的我们无比向往。我们要把这个力量尽可能早地传递给孩子们。于是我们在玩美小小的院子里捡回小而精致的银杏树叶，我们让孩子们用小小的手指画出心中的自然秋色。虽然我们远离梅里雪山那样的人间仙境，但我们可以和孩子们一块儿在心里挤出一个位置，让这个位置永远属于纯净的自然。

工具材料：
水粉纸/水粉颜料
小瓦楞纸片/蓝色粉笔

秋色

工具材料：水粉纸、水粉颜料、小瓦楞纸片、蓝色粉笔。
制作过程：用蓝色粉笔画出天空并用手指抹匀，再用瓦楞纸片蘸水粉色画出树干，最后用手指把秋叶洋洋洒洒地点画在纸上，一片秋日午后遍地黄金般的童话美景跃然眼前。

种下一棵树

  2009年6月下旬的一天,首届"两岸四地亲子文化论坛"在北京举行,来自台湾、香港、澳门三地的学者与内地学者共同解读中国亲子文化。其中,父母单方面的爱,中国亲子关系的误区成为论坛的关注点。由百家讲坛享誉中国内地的北师大教授于丹也在此次"论坛"之列。她的观点很鲜明,那就是要给孩子机会去付出爱。她说:"亲子的目的是让孩子知道如何付出爱,让孩子知道他们得到爱的时候,他们有责任付出。"其他的学者也纷纷指出,中国家庭亲子关系的主要问题,就是父母一味付出爱,缺乏互动,这种爱不仅不能让孩子学会感恩,还会令孩子产生抵触、压制心理,并且滋生出一系列的问题。而来自台湾的著名作家刘墉则认为,中国的父母养育孩子过于功利,我付出十几年的心血养育了你,你就要考上一所好的学校考出一个好的分数,否则你对不起我。他说这样的家长从未把孩子当成自己的伙伴,而实际上我们把孩子生下来又把他养大,这本身就是件非常快乐和享受的事情。

  我们一方面是在用自己的经验和思考来摸索"玩美"早教的人,另一方面我们也是孩子的家长。我们深知在高考仍旧作为指挥棒的今天,内地家长心中的矛盾和纠结。做家长很难,做独子的、被应试教育所指挥的家长也许更难。我们自身需要有善良的操守,敏锐的判断力,应对现实又不失快乐的能力,以及如何在孩子面前自如地转换一个权威的规则制定者和一个亲密伙伴的手法。不过专家们所说的"单向的爱"所带给孩子的负面影响,我们的"玩美"一直是关注的。我们曾经不止一次利用父亲节、母亲节、重阳节、中秋节以及春节,来给孩子们灌输"爱要流动才能升温"的观念。这一次的方案,我们又决定再从"树"做起,告诉孩子们,爸爸妈妈给你们爱,你们也一定要用一些爱来回馈给爸爸妈妈,在一个家里,在任何一个集体里,只有当爱这种东西像流水一样,顺畅而欢快地流转,它才能灌溉到每一个人的心田,不然,不就是死水一潭吗?

  这样,我们就和孩子们一边做一些准备工作,这些工作包括给一会儿将要种下的小树苗做一个满是涂鸦的围挡,以及从院子外的工地上挖回一些沙子等等。一边给孩子讲起了一个经由我们改编过的树与孩子的故事。

  我们说,有一棵树和一个孩子共同生活。孩子经常在树下玩耍,爬上树摘果实,又用树枝荡秋千。后来孩子长大了,他不那么贪玩儿了,而是喜欢在树下看书、思考,跟树讲讲他内心的

感受。再后来，孩子读完了中学和大学，参加工作之后，他就再没时间来看望这棵树了，树虽然每天都惦念那个孩子，但是树更相信孩子有能力处理好自己的一切。在以后的岁月中，孩子会在遇到困难和困惑的时候回到树的身边，树则把自己丰硕的果实以及粗大的树枝作为人生经验拿出来与孩子分享，孩子就会带着更多的温情和自信继续去闯荡自己的生活。而最后有一天，孩子再次回到树的身边，他说："树，感谢你陪伴了我这么多年，感谢你让我有坚定的方向和明确的目标，感谢你在我艰难的日子里依旧为我敞开怀抱，现在，我正好有一个美妙的假期，我能把你的树干变成一艘船，我能带你去周游世界吗？"树当然点头同意，于是树和孩子一起开始了一段快乐之旅……

如果熟悉原来那个树与孩子的故事的读者，一定知道我们把它改得面目全非。改是因为"玩美"的理念，那就是让爱快乐的流转，而不是像原来的故事那样充满了父母向孩子单向付出的悲情，似乎是要用那样的悲情付出来向孩子索要回报。情感是最不能索要的，它只能平等地在人和人之间亲密流淌，父母和孩子之间的感情同样要平等互动。我们对孩子们说，这些彩色的树就像爸爸妈妈和孩子们的关系，树陪伴孩子成长，给孩子以力量，而孩子给予爸爸妈妈的任何一个关心，任何一次帮助，又都能让这棵彩色的树更加鲜艳。

工具材料：
彩纸/剪刀
透明胶

种下一棵树

工具材料：彩纸、剪刀、透明胶。

制作过程：把彩纸卷成筒，在纸筒一端剪一圈细条，把每个纸条朝不同方向折做树枝。把一棵棵的彩色树种在土里，让它们在我们的爱中茁壮成长。

田园生活

五谷丰登

在给孩子们准备这个方案的时候,我们中的一位老师特别自然地想到自己小的时候曾经在语文造句本上闹出的笑话,那个笑话是她造了一个"四体不勤、五谷丰登"的句子。既然"四体不勤"又何来的"五谷丰登"?孩子的错误荒唐也可爱。她说她很感谢当时的语文老师,那位语文老师没有像那个年代多数的老师那样对她的这个造句横加指责与嘲笑,特别是还当着全班同学的面,而是单独把她叫到办公室对她说:你犯了一个可爱的错误,看来你并没有理解这八个字相互之间的关系。不过没关系,学生就是要犯错误的,不然还要我们老师做什么呢?我们中的这位老师说语文老师最后的话给了她很大的影响,她从此明白人都是在犯错误中不断成长起来的,因此她比别的孩子更早地适应了挫折。

是的,要允许孩子犯错误,这一点,说起来容易做起来却有相当的难度。父母似乎天生就不能容忍孩子犯错误,我们对此都有深切的体会,孩子不同时间段不同类型的错误,都像同一把鞭子抽打在我们胸口,我们会在第一时间毫不犹豫地皱起眉头,怎么搞的又犯错?那个感受简直就是把自己和孩子合二为一,无须体验,直接就把孩子的问题当成自己的问题,并为此生出许多许多的烦恼。心理学家说这是亲情所带来的一个自然的倾向。唯一的办法只能是学习,学习什么呢?学习承认孩子有一种权利叫做犯错。

那天我们在活动室里准备了一些陶罐，又在一个盒子里放上了一些五谷杂粮和一些细碎的小玩意儿。目的是想通过这个叫做"五谷丰登"的方案让孩子们体验丰收的堆积感和由此带来的成功的喜悦。"五谷"就是指五种谷物、农作物，"丰登"就是丰年的意思。我们让孩子们用硬纸壳做出陶罐的形状，然后将五谷粘在上面，最后用漆把它们喷成饱满的金色。在整个活动中，孩子们充满了兴趣，我们不断地表扬和激励他们，以唤起孩子们的自我欲望和兴趣。我们对孩子们说，从做这个方案的第一步开始，就好像我们在播撒种子，而其间的其他步骤又好像我们在精心护理那些秧苗，直到他们长大成熟我们才能够有金灿灿的收获。我们希望通过这样的实践让年幼的孩子们体会到播种、培育与收获之间的关系，这就像我们播种玩美，精心打造每一个方案，从而期待健康成长的孩子们成为我们未来的收获。

工具材料：
纸板/白乳胶/纱布
火柴/通心粉/芝麻
红豆/喷漆

丰收的罐子

工具材料：纸板、白乳胶、纱布、火柴、通心粉、芝麻、红豆、喷漆。

制作过程：纸板剪出罐子的形状，用白乳胶把纱布、火柴、各种形状的通心粉、瓜子、芝麻等这些生活中的小东西粘在罐子上，喷上金漆。罐子圆圆的肚子里装满了一年辛勤劳动收获的果实，金灿灿、沉甸甸的，装着农民伯伯的汗水，家人的关爱，朋友的帮助，老师的教诲，还有我们自己心灵的收获。

究竟是什么让我们赖以生存的地球环境越来越脆弱？人们普遍认可的理由是，人的欲望。人类的心理和生理机能都推动我们去寻求发展，这种追求的结果却把我们和大自然生生割断了。为什么许多地方的年平均气温越来越高不断突破历史的记录？为什么每年都会发生洪涝灾害、泥石流、沙尘暴以及越来越多的灰霾天气？还有科学家们在不断地提示全球变暖的可怕前景——温度升高、动物灭绝、城市消亡、文明毁灭……，这些应该足以引起人们对自己生活方式和行为方式的深刻反思了。

应该说最近十多年，西方世界那些"先富起来"的人们已经不再像以前那样的物质主义了，他们开始关注保护环境、保护自然的完整性、社会公正性和生活的意义等问题。而我们这些"晚些时富起来"的人显然还没有富够，我们还在疯狂地追求利益最大化，一切都要最好的，甚至是最奢侈的。只不过地球它不会等到我们富够了富得都不耐烦了再变坏，它已经在滑向崩溃的边缘。我们究竟该怎么做？尤其我们为人父母的究竟该给孩子们留下一个什么样的未来？这些思考不论你富没富够都必须开始了。首都经贸大学心理学教授杨眉曾经说：我们中国人有"积少成多，集腋成裘"的成语，西方人也有"蝴蝶效应"一说，而讲述同样一个道理的还有我们所熟悉的"骆驼背上最后一根稻草"的寓言，所有这些要说的就是任何一个微小的破坏机制，如果不加以引导，就会给社会带来严重的危害。而更重要的则在于，我们所做的那一点点破坏，不仅仅是对环境的破坏，它还破坏了我们与自然合一的本质，以及对自然造化的尊重和敬畏。在环保问题上，杨眉说，我们应该遵循古训，"不以善小而不为，不以恶小而为之"。

对于"玩美"的我们，自然是要将无形的环保理念化做有形且美的艺术活动，于活动之中，渗透给我们的孩子各种各样的环保信息和概念。而事实上，环保的话题也确实非常能够激发设计师的想象力，那些随处可见的材质，加上似乎并不经意间的小细节，往往就能同时让人们体会到设计之奇妙以及环保的重要性。

比如，有人将常见的酸奶杯勺改造成了一个特别有意思的全新的形状，这样就可以将底部角落剩余的酸奶也消灭得干干净净！尽管只是一种小小的改进，节约的却不仅仅是一点点。还比如，大家都知道流水会携带一定的能量，如果能够将这些能量收集起来，就可以节省大量的能源。而就有一家全球的知名企业，曾经在它发起的一项旨在激发青年大学生创意潜能的公益设计比赛中，收获了一个可以收集水能的莲蓬头的设计，这个水龙头能在人们冲洗淋浴的时候把这些水能转化成电能，并利用它来播放音乐，边洗澡边听音乐，将看似严肃的环保巧妙地化为了有趣而快乐的享受。

环保生活是从点滴的细节想起和做起，其中不仅融入了大量的艺术设计和科技知识的运用等元素，对孩子而言，培养的更是一种登高远眺、居安思危的胸襟。

环保生活

环保购物袋

  我们忘了具体是哪一年的春天,只记得沙尘暴在"玩美"活动室的上空肆虐,还能记住的一个细节是,那天有很大的风声呜咽着,一阵一阵地撞击活动室的窗玻璃。我们的孩子纷纷离开画桌用小脑袋贴着窗户向外观看。"塑料袋在飞!飞得好高好快啊!"有孩子指着窗外随风飞扬的几个塑料袋在喊。这样的场景并不令人愉快,我们告诉孩子们说塑料袋其实很有害,它里面有一种化学的东西,这个东西要是遇到很高的温度就会放毒,要是随着饭菜吃进我们的肚子里,我们就会生很严重的病。而且,现在塑料袋越来越多,塑料垃圾的处理也成了一个大麻烦。如果把它们烧掉,它们肯定又要放毒,所以现在就是把它们埋起来。可是埋在地底下也不好,它们很难被土壤分解和消化,而且还要放毒给我们脚下的大地。所以,环境保护是个难题,难就难在它常常和人们习以为常的生活习惯有矛盾和冲突。

  2008年6月1日"限塑令"到来之前,注重"事实参与"的"玩美"娃娃们高兴地告诉我们,妈妈已经在家里准备了好几个无纺布的购物袋,也许今后塑料袋随风飞扬的"壮观"景象会越来越少见了。而我们在活动室里也为孩子们准备好了材料,邀请大家一起制作纸用购物袋。方案中我们给孩子们"播放"了一条新闻,内容为2008年的5月24日,历时一个多月的时尚环保购物袋设计大赛在北京落幕,共有40余幅作品获奖。此次大赛的目的就是希望通过鼓励人们使用环保购物袋,减少塑料袋的使用,来宣传绿色环保理念。孩子们在这样的"新闻背景"下更加投入自己的购物袋设计,大家把心中所想、平日所爱都画到了购物袋上。

工具材料：
牛皮纸/麻绳/双面胶
油画棒

　　戴眼镜的男孩子是个爱思考的小男生，他提着自己画的一只红色螃蟹飞上天边的购物袋问我们："这样的纸袋子就肯定环保了吗？"是啊，其实，我们告诉孩子们，纸袋子同样不能过度使用，因为纸是树木做成的，如果过度砍伐森林，就会破坏生态平衡从而危害环境。"那么怎么办呢？"男孩子问，我们说环保专家们正在加强塑料袋的回收和利用。我们告诉孩子们，关于环保的事情大大小小有许多许多，只要我们愿意行动起来，就能让地球这个蓝色的星球保持原本的美丽与富饶。

环保购物袋

工具材料：牛皮纸、麻绳、双面胶、油画棒。

制作过程：牛皮纸折成袋子的形状，提手的地方装上麻绳，用纸剪一些螺旋的线条，或是用细铁丝折一个富有装饰性的形状挂在手提袋上，弯曲柔软的线条和手提袋的直线形成对比，最后用油画棒在袋面上画上图画。

环保生活

建造一个污水处理厂

很多时候我们会有这样的体会,要和孩子们"玩美",我们自己就要是个"贪心"的成年人。我们要"贪"一些自然常识,"贪"一点艺术感觉,"贪"不算太少的文化修养,还要"贪"得对当下社会事件必要的敏感与关注,并且将以上种种和儿童的早期教育"和"在一块,再来"摊"成一张玩美的大饼。而摊饼的能力中又少不了营造气氛和鼓动人心的感染力,最后,或者说最开始,我们还必须"贪"明白足够的儿童心理发展的规律,不能在和孩子们相处的时候有什么"硬伤",这张大饼才能真正完美。这样地"贪"来"摊"去,我们发现自己和"玩美"在相伴中成长着,这种像个孩子似的成长常常令我们高兴不已。

那天我们给孩子播放影像资料,污水处理厂里一个个巨大的圆形储水罐和高高低低、错落有致的水管,让孩子们非常好奇。我们借机告诉孩子们污水处理厂是个了不起的地方,那些巨大的"圆形"和错落的"管状",为的就是把被污染过的水经过一层一层的处理,变成安全的没有污染的水再被排放进水体或城市的管道中,它们像个巨型的"过滤棉",没有它们我们的生活将不堪设想。当然,过滤仅仅是污水处理过程中的一项工艺,比过滤更为重要的处理工艺还有好多种。

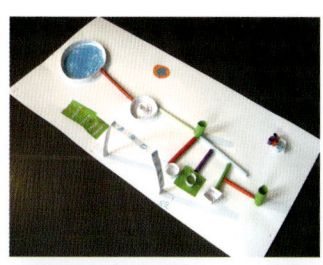
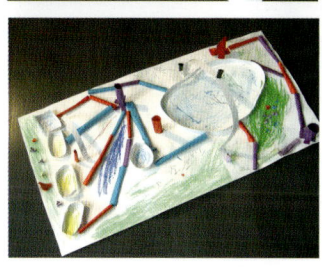

"可是为什么会有那么多的污水呢?""我们人怎么能生产那么多的垃圾呢?"垃圾这个词听起来确实叫人不愉快,但是产生垃圾也是人类正常生产和生活所必需的"附属品"。问题是,怎么能让垃圾不变成污染,怎么让垃圾能够参与到自然界的循环往复中,怎么让垃圾可以再生再被人类利用。这其实是个很有公德的事业,它关系到地球的未来,也关系到人类的休养生息。"那我可不可以做个垃圾科学家?"男孩子大声地说出自己的愿望,我们拍拍他的脸蛋说,要把话说准确,不是垃圾科学家,而是研究与治理垃圾的科学家!孩子们哈哈大笑起来,顺手拿起我们为他们准备的材料,在他们的手下,污水处理厂就变成了一件件小小的艺术作品。

工具材料:
彩纸/大张白卡纸
卡纸条/剪刀/白乳胶

污水处理厂

工具材料:彩纸、大张白卡纸、卡纸条、剪刀、白乳胶。
制作过程:在大张白卡纸上用卡纸条围合成一个象征性污水池,把一池污水经过小朋友们共同的设计进行节流引流,小朋友用彩色的纸卷成不同用处的小纸筒,引水向不同的地方,或过滤,或处理,是一个不同空间的组织。

环保生活

纸盒子的联想

在儿童的早期教育中,各路专家都是主推激发和调动儿童联想能力的。以"玩美"的经验来看,如果给了孩子们一个恰当的气氛和载体,似乎不需要过于费劲的激发和调动,孩子们几乎就是"看什么不像什么",继而对眼前这个客观的"什么"生发出许多丰富有趣的联想。被成年人视为一种高超的能力的联想,对于尚未受到过多约束、缺乏经验但也百无禁忌的孩子们来说,其实是非常自然的一种看待世界的方式。而成年人要做的则是尽可能地为孩子们创造联想的土壤,调节好适合联想的温度与湿度,尽量去阻止孩子们在成长过程中可能出现的联想之花的凋谢。

我们在这一次方案之前就请孩子们在家里搜集一些废弃的纸盒子带到活动室里来,我们告诉孩子们把这些盒子扔了怪可惜的,废物利用才是具有环保精神的活动!孩子们就很期待地把五花八门的纸盒子扔在地上,我们请他们展开每一个纸盒子,然后仔细观察告诉我们它们看上去像什么?一个带有尖顶的原本装酸奶的纸盒,被一个男孩子拆开,他几乎是一秒钟之后就毫不迟疑地告诉我们:"这是一辆组合的大汽车!前面可以装人,后面可以装鱼。"装鱼吗?"我们很好奇。"后面这个方方的东西里装满了水!水里面就是鱼啊!""哦,听起来还真有趣!那么就请你赶快动手对它进行一番改造和装修吧!"

长头发的女孩子则对着被拆开的一个立方体的盒子说:"它像我们家对面那几栋连在一起的高房子!"是吗?你一说我们也觉得非常像!女孩子又说:"不过那几栋高楼是没有颜色的,很不好看!"没有颜色啊,那真是遗憾。那么你能不能给你的高楼涂上好看的颜色呢?女孩子点头拿起画笔,用绚烂的色彩描绘她心中"好看"的楼房。那天活动室里很热闹,在孩子们的眼中,这些原本废弃的纸盒子千姿百态,孩子们仔细地去描绘它们,最终呈现出奇妙的风景。我们在一边静静地欣赏和分享他们的创作,努力地回答他们零零碎碎和奇奇怪怪的问题,心中充满了简单的喜悦。

> 工具材料：
> 各种废旧小纸盒
> 水彩笔/油画棒

纸盒展开的想象

工具材料：各种废旧小纸盒、水彩笔、油画棒。

制作过程：日常的废弃纸盒，把它轻轻展开，想象一下它的别样故事。在生活中每时每刻都该让我们的想象力自由遨游，在孩子的心里每一样东西都是有故事的，我们都曾有过童年，给孩子一个机会，让那些我们认为已经没有任何价值的小纸盒焕发生命力，其实每一样东西不只是他的表面价值。

环保生活

塑料袋变形记

　　2008年的深秋，"玩美"的孩子们已经开始习惯尽量减少塑料袋的使用，对塑料袋造成的环境污染也有了最基本、最简单的认识。那天活动室外面的地上已经有了厚厚的一层落叶，风吹过的时候，落叶打着旋地和孩子们嬉戏。我们邀请小朋友们把活动室里一些"残留"的塑料袋拿到户外，在里面装满树叶，于是原来一个个干瘪的塑料袋就变得饱满起来。孩子们捧着鼓鼓的塑料袋回到活动室里，我们问孩子们这些鼓鼓的塑料袋看起来怎么样呢？像什么呢？它们让你们有了什么样的想象呢？一开始，孩子们面对这些问题显得有些迷茫，我们就启发孩子们，如果你们让塑料袋再发生些变化呢？比如，把那两个手拎的"耳朵"揪起来或者拧起来呢？聪明的孩子们很快就领悟到了要领。长发披肩的女孩子最早发现了大公鸡的形象，于是紧接着小天鹅、小鸭子、小猫咪、小刺猬、小老虎就应运而生了。我们把孩子们的作品放到秋日阳光下展示，孩子们说："快看啊！小鸭子在游泳呢。"我们定睛一看，窗外的光线竟然将它们塑造出波光粼粼的效果，那些可爱的装了一肚子树叶的小家伙们正栩栩如生！

工具材料：
塑料袋/剪刀/即时贴
记号笔/透明胶条

塑料袋变形记

工具材料： 塑料袋、剪刀、即时贴、记号笔、透明胶条。

制作过程： 动手收集一些枯树叶，放入塑料袋后封口，把袋子的外形变一变，用胶条扎紧，再用记号笔装饰装饰，剪即时贴点缀一下，面目可憎的垃圾袋转眼变成栩栩如生、惹人怜爱的小动物。

环保生活

绿叶上的生活

　　绿叶上的生活，是我们在"玩美"时跟孩子们交流"绿色生活"的一个说法。绿叶总是有很好看的颜色、很清新的味道，微风吹过沙沙作响、细雨滴落声声清脆；如果沐浴在阳光下，那么每一片叶子又散发出诱人的光芒，总之，绿叶很健康。如果我们每个人的生活方式都如同绿叶一般清新健康，那么地球不就永葆青春了吗？"那么，什么样的生活才像绿叶一样呢？"我们告诉孩子们，真正的绿色生活涵盖了人们日常生活和生产的好几个方面，比如，要节约资源、减少污染，要绿色消费、环保选购，要将物品重复使用、多次利用，还要将垃圾分类回收、循环再生，通过自己的努力过上一种安全健康、无公害、无污染的绿色生活。

　　"那么，一个人绿色的一天是怎么过的啊？""我们身边有绿人吗？"嗯，孩子们问得非常好，我们承认现在大家的生活都还不够绿色，那么现在我们就一边来做这片大树叶一边为自己计划一下绿色的生活吧。"我喝水！以后少喝点饮料。""要是下雨了我就用雨水洗澡！""你应该叫你爸爸别开车了！他最好天天骑自行车上班！""那你爸爸也最好别抽烟了！""我要和妈妈在阳台上自己种菜吃！"好的好的，大家的想法都又大胆又绿色。现在我们先把这片绿色的大叶子做出来吧。我们引导孩子们用绿色的绳子勾勒出叶子的轮廓，然后再把纸制的一次性餐盘和纸杯粘贴到绿叶上，那代表一种日常的生活在一片绿色之上静静地展开。孩子们在创作时非常认真，我们则在一边检讨自己的生活方式离绿色究竟还差了多远。

工具材料：
白卡纸/白乳胶
一次性餐具/水粉颜料
绿色毛线

绿叶

工具材料：白卡纸、白乳胶、一次性餐具、水粉颜料、绿色毛线。

制作过程：白卡纸上画一片大大的叶子，孩子合作用毛线把叶子的外形呈现出来，再把常用的一次性餐具融入到叶子中。让孩子认识不同的绿色，"玩"绿色的同时，别忘了告诉他们，如果我们继续大量使用一次性餐具，那么今天笔下的绿色将离我们远去！

环保生活

小石头你妈叫你回家吃饭

　　有一些孩子"玩美"玩得久了，深得其中之精髓，常常会向我们提出建议。比如那个叫小石头的孩子会在进入活动室的那一天突发其问，说："我们能不能去外面的地上画画？"好，这个建议多么大胆啊！我们于是向小石头承诺，在下一次的活动中一定让他和小伙伴们在活动室外画画。

　　还好，虽然我们身居都市之中，但玩美活动室的外面却正好有一片铺着砖头的空地。那些砖头未经装饰，每日被孩子们的小脚踩踏，倒是透着一股自然天成的拙朴。于是我们把小石头和他的伙伴们带到那里，请他们在那些砖头上尽情表达和表现。我们给孩子们提供的是水粉颜料，这样的颜料假以时日，经过风吹日晒，便会自然地溶化在那些砖块之中，不着痕迹、不露声色，再一次地回归到那一种质朴之中。

　　孩子们用画笔玩儿得意犹未尽，当我们必须回到活动室里进行这次方案的下一个环节时，他们竟然怎么也不肯回去了！我们喊着孩子们的名字，喊着回来吧，该回来了！于是情不自禁地想起彼时网上那句流行语"你妈叫你回家吃饭"，这话虽在网络流传开来但并无任何意义，而有意义的是，小石头和孩子们的表现让我们联想到武汉作家池莉在她的《来吧，孩子》一书中的一段描述。她说：

　　"夜幕降临的晚饭时分，我们整个院子，要么回荡着我呼唤孩子吃饭的声音，要么回荡着她父亲呼唤孩子回家吃饭的响亮男高音。家家户户都听得见我们的呼唤。有时候要呼唤许久，才能把我们的孩子召唤回家。一进家门我就把准备好的一条干毛巾给她垫进后背，十有八九她的后背总是汗水淋漓，像一条刚从水里出来的泥鳅。

孩子在外面玩耍到被呼唤回家，这是我们童年的生活，在现今早就绝迹了。其他的同龄孩子，大多都是放学回家就关在屋里写作业……

邻居感叹我竟然这样唤孩子回家吃饭，我自己也突然意识到，唤孩子回家吃饭是一首多么古老而亲切的歌谣……"

是的，池莉说的那个年代，即使是生活在城市，参天的树木和整块的田地也随处可见，田园牧歌的气息也久久不会散去。孩子们放学回家后的第一件事情是在外面和小朋友们尽情地玩耍，直到妈妈们纷纷带着饭香从窗口探出脑袋来呼唤："回家吃饭了！"

也因此，我们那天就没有再呼唤小石头和他的伙伴们回活动室，就让孩子们尽兴一次吧，毕竟现在的孩子如此尽兴的时候真的不多了。

工具材料：
水粉颜料
水粉笔

小石头，你妈喊你回家吃饭
工具材料：水粉颜料、水粉笔。
制作过程：在红砖上用水粉颜料画画，每人十块砖，砖呈不规则的排列形状。

心灵生活

在拥有古老文明的埃及，有一个传说——曾经有一位至高无上的美丽女人，被古埃及人奉为快乐女神。快乐女神的丈夫有一个相当有意思的工作，就是在每个人死后，他都要用天平来称一下这个人的心脏到底有多重。如果一个人生前是快乐的，那么心的分量就很轻盈，可以愉悦地飞往天堂；而如果一个人曾经罪孽深重、烦恼终生，那么他的心就很重，除了坠入无底的地狱，不会有更好的去处。这样一个传说，让中国的女作家、心理医生毕淑敏成就了一本关于心灵的书。书中用了一些测试的方法，教会我们如何让自己的心灵轻盈而愉悦。

是的，我们的一颗心是轻是重？是阴暗灰冷盛满了伤痛和疲倦还是如坐春风般地清爽而喜悦？究竟是什么能够决定我们拥有一颗怎样分量的心灵？这个问题乍一听起来显得很大很复杂，似乎并不是所有的人都有能力可以清晰地梳理出自己的心灵脉络。但是，我们应该学习，我们也需要学习。因为只有当我们自己拥有一颗喜悦之心时，我们才可以陪伴孩子相对轻松地走在人生的旅途上。

其实我们说心灵之轻，并不是说心灵之空。人都是活在现实的江湖之中，有江湖的地方就会有争斗，有争斗又怎能不让我们的内心充满了创痛和烦恼？难道我们就这么怀揣着一颗满满的心被那位古埃及快乐女神的丈夫判下地狱吗？当然不能。可是要清空我们内心的创痛和烦恼用什么方法呢？

说来也简单，就是我们成年人需要拥有相对独立的精神生活。这个生活的主要内容包括阅读，尤其指泛读，还包括行走和思考（我们在都市生活一章中提到过边走边看所带来的独立思考的能力）。人类社会纵横数万年，有多么宽广的地域？有多么丰富的文化？又有多么悠久的历史？还有多少的领域我们无知，又还有多少的神奇是我们未知？一个个小小的我们置身在苍茫浩渺的人类文明之中，我们自身有多少能量去读懂去了解其中的哪怕一点点？如果我们真的了解到了一点点，我们便不会是个无知的人，我们所了解到的那一点点，就会让心喜悦，也会让心有力量去挤占掉那里原有的创痛、烦恼和恐惧。

也因此，驱散了重重阴霾的心灵才能够轻盈地飞舞。

心灵生活是一个保持一生成长的过程。心有多大，舞台就有多大。让我们和孩子一起用取之不尽、用之不竭的人类文明，源源不断地滋润心田吧！

心灵生活

版画里浓浓的爆竹味

　　我们带着孩子们"玩美"一直有一个惯例，那就是我们会遵循节日的到来、节气的变化、季节的更替，甚至社会事件的发生来设计方案。这样做的目的是希望每一个方案都不是孤立的，它们可以和当时的外部环境及气氛融为一体，使得孩子们对"玩美"的感受是自然发生，而不是生硬的和外界割裂开来的学习，这种适时的学习方式极大地激发和保护了孩子们的兴趣。

　　2011年的春节将至，虽然年复一年，但是年的味道仍旧固执地悄然而近。在和孩子们"玩美"之前，我们和许多大人一样有着"恐年症"。我们不仅不期盼年的到来，内心往往还会生出许多悲观情绪。比如岁月如梭，我们又是一年蹉跎；还比如俗事缠身，即是放假也不得清闲，何况还多了许多无趣的应酬。在我们自己成家生子之后，这样的情绪缓解了很多。毕竟你面前这个小小的人儿在成长，他的点滴进步都令你惊喜，年，也就渐渐有了些喜悦和期盼。但这时候我们的身边就只有一个孩子，那喜悦和期盼还是有点儿孤独的味道。再后来，我们开始和越来越多的孩子"玩美"，而每逢年边，孩子们都像小喜鹊一般地叽叽喳喳，他们诚恳地盼望过年，认真地规划新年里的日程，认真地等待父母兑现对他们的承诺。其实，生活中每一个节日都能叫孩子们怀有天真的喜悦。这样的喜悦多次地感染我们，以至于年边将至，我们不仅早已丢掉了多年前的"恐年症"，甚至也会怀揣单纯的喜悦等待年的到来。也正因此，我们对孩子常常心存感谢，那许多快乐的能力，确实是孩子们一点一点捡回给我们的。

　　2011年的春节前夕，北京并不冷。穿着淡黄色毛衣的小姑娘悄悄告诉我们，今年她可能会多收到两个红包，因为有亲人要从远方来到她家里过年。我们问她多收了红包怎么用呢？她说买好多鞭炮阿！我们说好啊，到时候我们大家一起去放鞭炮好不好？"好！"孩子们兴奋起来。男孩子开始策划在年三十那一天的傍晚，就在"玩美"活动室的门口燃放鞭炮和焰火。其中一个小男生翘起脚丫说："我在脚上绑一圈焰火，就成了大脚印了！""那你的脚就完蛋了！"女孩子警告他。男孩子不服气："旁边放一盆冰水不就好了吗？""那你的脚又结冰了！"女孩子嘎嘎

工具材料：
油墨/KT板/圆珠笔
彩纸/滚筒等

嘎地乐起来，她仿佛看到了一只闪着光芒的小脚丫倏地一下放进冰水里迅速结成一只冰脚丫的样子，她对我们说："怎么像动画片啊？"我们也笑了，说以后有机会我们一起来编一部"玩美"动画片吧，就以你们为主人公！那么现在，我们还是先来看看今年的年要怎么过。

　　2011年的年边上，我们为孩子们准备了版画的工具，准备了红包，准备了两张门神的粘贴画，以及一些做爆竹的工具。我们告诉孩子们，中国自古以来，各地过年都有贴门神的风俗。在唐代以前，是传说中的神荼、郁垒兄弟二人作为专门管鬼的门神，有他们守住门户，过年时大小恶鬼就不敢进门害人；而唐代以后，又有画猛将秦琼、尉迟敬德二人的像作为门神的，还有画关羽、张飞像作为门神的。总之，都是左右门上各一张，后来又常常有人把一对门神画成一文一武的两个人。现在已经没什么人贴门神了，因为现代化的防盗门就成了门神了。但是，这个古老而传统的风俗，小朋友们是可以了解的。中国的历史文化非常非常的悠久，其中折射时代变迁和社会演变的民风民俗也是绚烂多彩。我们从小就可以一点一点地了解，等到你们长大了仍旧可以学习和研究，到那时你们也许会有更加有趣的或者深刻的发现，我们大人会把这些叫做传承。好了，现在我们先一起来动手以版画的方式来做些门神吧。

门神

　　工具材料：油墨、KT板、圆珠笔、彩纸、滚筒等。
　　制作过程：在KT板上用圆珠笔扎小洞洞，连成门神的图形，滚油墨，选张喜欢的彩纸盖上，并用力压印出来。

心灵生活

工具材料：
红纸
KT板
水粉颜料

　　我们为什么要指导孩子们用版画的形式来制作门神和下面的红包呢？首先是我们希望通过版画的形式来加强孩子们的动手能力和耐心细致的品质。因为版画是造型艺术中非常独立的一种艺术形式，与其他绘画方式相比，版画拥有比较复杂多样的制作过程；其次是版画本身集绘画、手工制作于一体的特点与孩子们构图灵活、用色淳朴、风格稚趣的美感特点又极为契合，那种拙朴之美是非常打动人心的；再次则是版画始于印刷术，而印刷术是中国古代四大发明之一。2008年北京奥运会开幕式上，中国古代四大发明——火药、指南针、造纸、印刷术成了开幕式演出中介绍中国的一大主题。而今天，我们要通过"玩美"的方案，让孩子们对古代的发明有一个真切的体会。

红包

工具材料：红纸、KT板、水粉颜料。

制作过程：在和红包大小差不多的KT板上用原珠笔扎小洞洞，连成图形，刷上喜欢的颜色，金色、黑色、黄色都可以，最后印在做好的红包袋子上。

体验了古代的印刷术，再来体验一下火药的发明吧。其实这个说法不准确，准确地说，是出于安全的考虑，我们没法让孩子们真的体验火药的生产过程。我们只能一边给孩子们讲些故事，一边来做出爆竹的形状，至于那震耳欲聋的声响，我们只能通过音响效果来解决了。那天，在音响里传出的乒乓作响的爆竹声中，我们告诉孩子们，中国很早就发明了火药，而黑色火药最先就是被用来制造烟花爆竹的。在节日庆典的时候，中国人总会燃放烟花爆竹来庆贺，这已经成了中国的一种传统文化。

工具材料：
卫生纸筒/麻绳
水粉颜料

爆竹

工具材料：卫生纸筒、麻绳、水粉颜料。

制作过程：用卫生纸筒做爆竹的身体，用麻绳做引子，用水粉颜料装饰爆竹。

心灵生活

水墨中国风

"玩美"的时候,我们常常要寻找一些契机来给孩子们演示、表现至少是介绍中国的传统文化。这样做是因为我们有种紧迫感,觉得博大精深的中国文化在我们这一代、我们的下一代的身上丢失得有点儿多了。我们是在中国上个世纪那段著名的封闭、混乱而荒唐的年代里出生并度过童年的,我们没有受到太多太好的启蒙教育。我们的青春岁月又恰逢中国正在结束那样一个时代,旧的一切已然崩塌,新的体系尚未建立,而国门已经洞开,大量西方的思潮涌向原本就混沌的我们。伴随着社会的成熟,我们也在成年后开始成长,开始逐渐理清自己、逐渐认识自我、逐渐发现自己真正的需求,又逐渐敢于面对和正视自己心灵上的缺憾。进行"玩美之旅"之后,我们甚至开始探索东西方文化融合,这样以我们个人的能力和学养,也许穷一生也无所收获的宏大命题。但是毕竟在孩子们的帮助下,与从前相比,我们在成长。

这样,我们就会利用"玩美"这个平台,寻找一些机会让孩子们浸染于中国传统文化之中。这一次方案我们找到的载体是扇子,因为我们知道中国扇文化有着深厚的文化底蕴,它与竹文化、佛教文化有着密切的关系,而历来中国都被誉为制扇王国。从材料上说,扇子主要由竹、木、纸、扇、象牙、玳瑁、翡翠、飞禽翎毛等等制成;从形态上说,扇子可以千姿百态、百媚千娇;从艺术价值上看,扇子经能工巧匠精心镂、雕、烫、钻或名人挥毫题诗作画,都能使扇子艺术身价百倍。那么,我们为什么又要选取水墨画的艺术形式来与扇子结合呢?那实在是因为中国水墨画暗藏着心灵与视觉的玄机,它和扇文化一样都是中国传统文化的经典之作。中国画的水墨语言中的"画外之音"与"轻摇羽扇"时的弦外之意遥相呼应,体现着中国文化中动静兼得、深藏不露的精髓。

工具材料：
毛边纸/墨汁/毛笔
筷子

而对于"玩美"的孩子而言，新鲜的体验才是第一位的，也几乎是孩子们唯一能接受的。体验什么呢？体验毛笔的柔软特性，体验纸面会因笔锋入纸角度、笔锋着纸力度和行笔速度的变化而产生的丰富变化，体验笔与墨之间犹如骨与肉须臾不可分离的奇妙关系。我们只是告诉孩子们，这次新奇的体验，是中国自古流传至今的一个传统，它新奇但是它又有很厚重的历史，它的新奇跟变形金刚大不相同，作为一个中国的孩子，我们没有理由不去细细品尝。

水墨中国风

工具材料：毛边纸、墨汁、毛笔、筷子。

制作过程：在两张圆扇面上画水墨画，再用一个同大小的圆形白卡纸做夹层，把筷子固定在白卡纸上，再把画好的两张水墨扇面粘在卡纸上。

陶罐装着历史

有些历史常识的人都知道：陶器的出现，标志着人类社会开始了一个新的历史阶段；彩陶的出现，则进一步奏响了人类向艺术王国迈进的序曲。但是面对3—6岁的孩子们，我们怎么来介绍发源于距今1万年前的彩陶的历史渊源、文化意蕴以及它所暗含的艺术手法呢？这当然是个不可能完成、也没必要完成的任务。在许多的方案中，"玩美"所做的都是要让孩子们增加更多的见识，体会到更丰富的感受。我们的工作说来简单，做来不易，那就是要会化简为繁，要会直接而敏锐地捕捉到孩子们的兴趣点。

面对眼前的陶罐，孩子们感兴趣的是上面那些不规则的图案。为了营造陶器所特有的拙朴感，我们让孩子们先把纸揉皱，然后再在充满皱褶的纸上画上一个基本的陶罐形状，之后便在其中随兴趣而自由地创造和组合各种几何图案。这些图案和我们在图片上所见到的出土的彩陶上的几何形纹饰有许多异曲同工之妙。我们告诉孩子们，很早很早的时候，我们的先民就在陶器上创作出渔网、水涡或者树叶的形状以及它们的变化，他们就像眼前的孩子们一样，用最纯朴的图像表达着涌动于内心的感受。

```
工具材料：
牛皮纸
毛笔/墨汁
粉笔
```

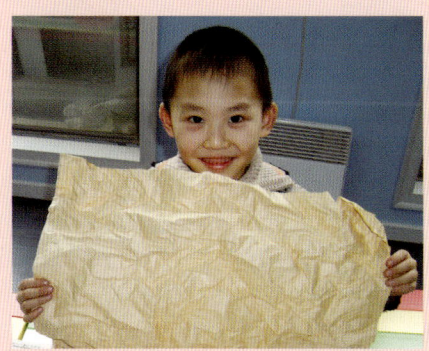

陶罐

工具材料：牛皮纸、毛笔、墨汁、粉笔。

制作过程：把牛皮纸揉皱，用毛笔墨汁画一组形状各异的陶罐，每个罐子身上有不同的花纹图案，用各色粉笔上色，斑驳褶皱的陶罐里装着多姿多彩的历史。

心灵生活

地球另一端的故事

人类是非常奇妙的。那人心之微妙、人性之复杂，常常叫我们自己叹为观止。人与人之间的性格差异所带来的命运之大不同也常常让我们唏嘘感叹。从总体上说，东方人内敛、善于掩饰、不爱表达、讲求心态平衡、内心平和宁静，以致远离这种比较玄的东西；西方人则要直接和热烈得多，同时他们拥有良好的契约精神，严格区分私人空间与公共生活。

自从"玩美"以来，我们接触到的孩子一天比一天多起来，这让我们从孩子们迥异的性格中深刻地体会到性格影响人的力量。我们也常常和孩子们的家长讨论如何培养孩子们良好的性格，由于孩子们在这个年龄段有明显的模仿特征与易受暗示的特点，所以对父母的要求就更高了。一个普遍的问题是，大部分家长很难把握好既有民主又有一定权威的教育方式，往往不是过于溺爱就是过于棍棒，因此有些孩子在开朗、乐观、大胆及独立表达方面总是显得有些拘谨。

工具材料：
南瓜面
烤箱

南瓜饼

工具材料：南瓜面、烤箱。

制作过程：

小朋友自己动手捏做不同形状、大小不一的南瓜饼，放入烤箱中，慢慢等待的过程都是那么的美好，还有和大家一同分享的幸福。

在"玩美"的一些方案中，我们多次利用西方传统的圣诞节、感恩节和万圣节等节日，目的是从中截取坦率和热烈这样两个西方文化中的性格特点来感染我们的孩子。我们希望孩子们一方面可以非常恬静地用水墨画出中国扇子，甚至用同样的安静来制作万圣节时的南瓜饼和画着鬼的大扑克牌；另一方面，我们也积极地利用西方节日去营造和创造出一个群体间的互动性、集体性与狂欢性。在彼此追逐时，在红绿相间的圣诞色的涂抹时，我们鼓励孩子们尖叫和疯闹，鼓励他们直视伙伴的眼睛，鼓励他们大胆表达对同伴

心灵生活

的感情,鼓励他们标新立异、张扬个性。在我们的鼓励下,有秩序的"玩美"曾经一度"场面失控",那个温暖宁静的深秋一度被搅动得火热。也许我们很贪心,东方文化的熏陶和西方文化的感染我们都想给孩子,就像那个之前安静地吃着南瓜饼的男孩子,之后踩着活动室里树墩状的小凳子向我们呼啸而来,还好,我们在他身上感受到的是一种和谐。顺便调侃一句,最终我们还是在东方文化那里找到了答案:和谐为美。

工具材料:
A3大白纸
记号笔/油画棒

扑克上的鬼

工具材料:A3大白纸、记号笔、油画棒。

制作过程:在A3大白纸中仿照扑克牌形式用记号笔画出线条的"鬼",用油画棒上色。上色的是"大鬼",黑白的是"小鬼"。

工具材料：
红、绿、白、黄等丙烯颜色

圣诞色

工具材料：红、绿、白、黄等丙烯颜色。

制作过程：西方人以红、绿、白三色为圣诞色，像中国人过春节吃年饭一样，欧美人过圣诞节也很注重全家人围坐在圣诞树下，共进节日美餐。给家里的一些日常用品用红、绿、白三色丙烯颜色上色，让它们穿上节日盛装，准备一个缤纷的圣诞大餐！

心灵生活

迁徙的鸟

《迁徙的鸟》在我们的眼里是一部颇为震撼的电影,震撼来自于这部"科教题材"的电影竟拍得如此浪漫、如此令人心碎。法国导演雅克·贝汉历时四年,跨越七大洲40多个国家,消耗460公里胶片,动用450多人,其中包括世界上最优秀的飞行员和科学考察队,所有这一切都不仅仅是为了捕捉鸟在无尽长空翱翔时的千姿百态,更为关键的,正如导演自己所言,这部电影同时捕捉的还是一个"关于承诺的故事"——故事讲述了候鸟们在迁徙的旅程中,如何克服自然环境所带给自身的重重困难而最终实现南迁北移的诺言。除了大段大段美轮美奂的画面,电影更表现了它们在大风沙的摧残中寻找正确的方向、在冰天雪地中保护自己和孩子、在浩瀚的海洋中艰苦猎食的景象。候鸟们对生命的坚持、对亲情的忠诚、在失败与气馁中重新展开双臂翱翔的勇气,都令我们自愧弗如。

我们是在"玩美"的活动室里分时间段和孩子们一起来分享这部影片的。我们引导孩子们边看边评论,鼓励孩子们说出自己的发现、联想和感受,而孩子们的表现也是渐入佳境的。他们最开始关注的是鸟们的日常生活和有趣的动作,到后来他们学会了发现鸟们的情感世界:"它在给它的孩子喂饭,照顾自己的小宝宝!""他们两个在谈恋爱,长长的脖子紧紧地贴在一起!"直到最后一次观

工具材料：
水粉颜料
彩纸

影结束，孩子们有了自己也来创作"迁徙的鸟"的欲望。其实又何止是孩子们，当我们被导演如此近距离地带进鸟群，深入鸟的灵魂的时候，我们也萌发了触摸鸟儿的愿望。

先把自己变成一只可爱的小鸟，再为自己画出沿途飞行的长长的风景，最后则是折叠出一片鸟群悬挂于活动室的上方，而背景正是孩子们自己画出的鸟儿们要途经的千山万水。我们说，导演拍的电影是一直在流动的，而孩子们则把电影中最美的一幕定格在了眼前、定格在了心里。我们为孩子们的这部作品也取名为"迁徙的鸟"。

迁徙的鸟

工具材料：水粉颜料、彩纸。

制作过程：

从长长的纸的一边开始，用冷色慢慢画到暖色，画上鸟儿迁徙路上的美景。画好后将画贴在墙上，再用彩纸折上几只漂亮的鸟儿，钉在画上，鸟儿仿佛真的在迁徙。

103

绽放的心灵之花

我们和孩子们共同"玩美"时,有一些重大的社会事件也往往会成为我们灵感的源泉。2008年夏季北京奥运会召开的那段日子,孩子们创作的跟奥运相关的作品也足可以做一个小小的"玩美"之奥运专辑了。而2008年5月的四川地震,自然也会被孩子们以"玩美"的方式记录。

地震的那段时间里,孩子们都很懂事,才几岁的小人儿,就都知道向灾区的人民献爱心是件很光荣、很值得自豪的事情。孩子们在活动室外面的捐款箱里慷慨地放进了自己的压岁钱、零花钱,而在活动室里,我们则带着孩子们做了一颗大大的心。这颗大大的心是由许多许多小小的心组成的,这里显而易见的用意是说一个地方被灾难压垮了,这个地方以外就会有许多许多的人汇聚起来帮助他们从灾难中获得新生,这确实是叫人感动的事情。但其实,我们还想传递给孩子一个这样的信息,那就是对自然,我们始终要怀

有一颗大大的敬畏之心。很久以来,人们不把自己和自然看做是一个整体,觉得自己是自然的主人,开发它、利用它、改造它让自己过上越来越好的生活。在好生活中,人们总是忘记,自然也是有脾气和性格的。

　　台湾才子蔡康永说:"每次遇到地震,我就又一次领悟,地球根本不是特别设计来给我们住的,我们啦、或者恐龙啦、蚂蚁啦,都只是时机凑巧得以在地球上住上一阵子……但愿大地悲悯些……"

　　是的,但愿大地对人类悲悯些,也但愿人类对大地友善些。万事万物要生根绽放都离不开温暖的土地,这道理就像孩子们的成长,只有根植于有力量、有智慧、有温情的土壤之上,才能开出饱满的心灵之花。

工具材料:
白板纸
红色纸条
乳胶

绽放的心灵之花
工具材料:白板纸、红色纸条、乳胶。
制作过程:用红色的纸条编制一个大的心形,里面是每个小朋友做的各式各样的心形小花。

图书在版编目（CIP）数据

玩美36记/彭艺 金晶著．—南昌：江西人民出版社，2012.1
ISBN 978-7-210-05003-2

Ⅰ．①玩… Ⅱ．①彭… ②金… Ⅲ．①游戏课－学前教育－教学参考资料 Ⅳ．①G613.7

中国版本图书馆CIP数据核字(2011)第232247号

玩美36记

作　　　者：	彭艺　金晶
书籍设计：	彭艺　同异
出　　版：	江西人民出版社
发　　行：	各地新华书店
地　　址：	江西省南昌市三经路47号附1号

编辑部电话：0791-86898316
发行部电话：0791-86898801
邮　　编：330006
网　　址：www.jxpph.com
E-mail: jxpph@tom.com   web@jxpph.com

2012年1月第1版　2012年1月第1次印刷
开　　本：787×1092毫米　1/16
印　　张：7
字　　数：8千字
ISBN 978-7-210-05003-2
赣版权登字-01-2011-432

版权所有　侵权必究

定　　价：36.00元

承印厂：江西华奥印务有限责任公司

赣人版图书凡属印刷、装订错误，请随时向承印厂调换